U0815762

交通运输部科学研究院
China Academy of Transportation Sciences

"十三五"国家重点出版物出版规划项目
交科智丛·政策类

中国绿色交通发展框架及指标体系

曹子龙　欧阳斌　张海颖　等　著

人民交通出版社股份有限公司
China Communications Press Co.,Ltd.

内 容 提 要

本书是交通运输节能减排能力建设项目“绿色交通发展框架及指标体系研究”的重要成果之一。立足于中国绿色交通发展现状和形势，系统阐述了绿色交通发展的概念、内涵与特征，科学构建了中国绿色交通发展框架，提出了绿色交通发展路线图，创立了绿色交通发展评价指标体系，为中国绿色交通发展理念、发展思路、发展路径等提供了一个具有较强前瞻性、科学性和创新性的顶层设计。

本书可供各级交通运输主管部门及相关政府部门决策管理者、研究者和有关从业人员参考使用。

图书在版编目(CIP)数据

中国绿色交通发展框架及指标体系／曹子龙等著
．—北京：人民交通出版社股份有限公司，2019.3
ISBN 978-7-114-13995-6

Ⅰ.①中… Ⅱ.①曹… Ⅲ.①交通运输业—绿色经济
—研究—中国 Ⅳ.①F512.3

中国版本图书馆 CIP 数据核字(2017)第 140369 号

交科智丛·政策类
书　　名：**中国绿色交通发展框架及指标体系**
著 作 者：曹子龙　欧阳斌　张海颖　等
责任编辑：韩亚楠　朱明周
责任校对：张　贺
责任印制：张　凯
出版发行：人民交通出版社股份有限公司
地　　址：(100011) 北京市朝阳区安定门外外馆斜街 3 号
网　　址：http://www.ccpress.com.cn
销售电话：(010) 59757973
总 经 销：人民交通出版社股份有限公司发行部
经　　销：各地新华书店
印　　刷：中国电影出版社印刷厂
开　　本：787×1092　1/16
印　　张：9.25
字　　数：140 千
版　　次：2019 年 3 月　第 1 版
印　　次：2019 年 3 月　第 1 次印刷
书　　号：ISBN 978-7-114-13995-6
定　　价：90.00 元

《交 科 智 丛》

编 委 会

《中国绿色交通发展框架及指标体系》
编　写　组

成　　员：曹子龙　欧阳斌　张海颖　凤振华
郭　杰　毕清华　王　双　张　毅
陈书雪　卞雪航　张　琦　褚春超
樊东方　喻　洁　马武昌　王婉佼
严义斌　王宝春　余　静　费文鹏
周亚林　王雪成

丛书前言

PREFACE

科技是国家强盛之基，创新是民族进步之魂。党的十九大站在全球发展和民族复兴高度，科学研判世界科技革命和产业变革走向，提出创新是引领发展的第一动力，是建设现代化经济体系的战略支撑，要加快建设创新型国家。交通运输部高度重视科技创新工作，围绕交通强国建设深化创新工作部署，明确科技创新支撑引领交通运输发展的主攻方向和目标任务，着力推进交通运输科技创新体系建设，大力推动以科技创新为核心的全面创新。

交通运输部科学研究院作为部直属科研事业单位，多年来坚持围绕中心、服务大局，取得了一大批政策研究和技术创新成果，为交通运输行业科技创新与技术进步做出了重要贡献。《交科智丛》丛书立足近年来院有关政策研究、技术研发等方面的科研成果，有计划地组织出版专著，注重专著的学术价值和应用价值，以展示科研精品、传播科学知识、培树高端人才、打造优质品牌，助力一流综合性科研院所建设，致力为交通强国建设做出新的更大贡献！

编委会

二〇一七年十二月

目　录

CONTENTS

第一章　概　　述

一、绿色交通发展背景

气候变化是当今人类社会面临的严峻挑战，也是当前国际社会普遍关注的重大问题，各国携手应对气候变化是大势所趋，推进低碳发展、绿色发展已是国际潮流，成为国际经济和科技竞争的新领域。2009 年，中国政府在哥本哈根气候峰会上承诺：中国单位国内生产总值（GDP）的二氧化碳（CO_2）排放到 2020 年，要比 2005 年下降 40%～45%。2015 年 6 月 30 日，中国政府向《联合国气候变化框架公约》秘书处正式提交了应对气候变化国家自主贡献文件《强化应对气候变化行动——中国国家自主贡献》，确定了到 2030 年的自主行动目标：二氧化碳排放 2030 年左右达到峰值并争取尽早达峰，单位国内生产总值二氧化碳排放比 2005 年下降 60%～65%，非化石能源占一次能源消费比重达到 20%左右。2015 年 12 月，在巴黎闭幕的《联合国气候变化框架公约》缔约方会议第 21 次大会通过了具有历史意义的全球气候变化新协议。我国应对气候变化目标的提出意味着各行业，尤其是交通运输业，未来一段时间将承担更为艰巨的减排任务，更加要积极推进低碳发展、绿色发展。

党的十八大明确提出了 2020 年全面建成小康社会的目标和“五位一体”总体布局，要求把生态文明建设放在突出地位，融入经济建设、政治建设、文化建设、社会建设各方面和全过程，努力建设美丽中国，实现中华民族永续发展；强调要加快建立体现生态文明要求的目标体系、考核办法、奖惩机制，把制度建设作为推进生态文明建设的重要保障。十八届三中全会提出深化改革的总目标是推进国家治理体系和治理能力现代化;提出要加快建立系统、完整的生态文明制度体系,用制度保护环境。十八届四中全会又进一步要求用严格的法律制度保护生态环境。2015 年 3 月,中央政治局会议首次提出了“绿色化”,将十八大提出的“四化同步”升级为“五化协同”。党的十八届五中全会明确提出将绿色发展作为五大发展理念之一,对生态文明建设和绿色发展做出了总体设计。此外,2015 年 5 月,中共中央、国务院正式印发《关于加快推进生态文明建设的意见》,对生态文明建设进行全面部署,明确提出到 2020 年生态文明建设水平与全面建成小康社会目标相适应的总体目标。党的十九大报告全面阐述了加快生态文明体制改革、推进绿色发展、建设美丽中国的战略部署。十九大报告明确指出,我们要建设的现代化是人与自然和谐共生的现代化,既要创造更多物质财富和精神财富以满足人民日益增长的美好生活需要,也要提供更多优质生态产品以满足人民日益增长的优美生态环境需要。报告提出了 4 项重点任务,一是推进绿色发展,开展创建绿色出行等行动,二是着力解决突出环境问题,三是加大生态系统保护力度,四是改革生态环境监管体制。十九大报告提出的生态文明与绿色发展新思想、新要求、新目标、新部署,为未来中国推进生态文明建设和绿色发展指明了路线图。这些都表明,我国经济社会发展已进入新阶段,对能源资源节约和生态环境保护提出了更高的要求,必须将绿色发展作为国家重大战略,加快推动经济社会发展转型升级提质增效。

交通运输作为资源密集和对生态环境影响较大的行业,是国家能源消费和温室气体排放的主要来源之一,是生态文明建设与绿色发展的重要领域。绿色交通是生态文明和绿色发展理念在交通运输领域的核心体现。随着党中央、国务院《关于加快推进生态文明建设的意见》《大气污染防治行动计划》《水污染防治行动计划》等战略部署和习近平新时代中国特色社会主义生态文明建设新要求、新目标与新部署的提出,交通运输发展的矛盾已经转变为交通发展面临的资源环境承载力与交通运输快速发展不匹配、人民日益增长的优美环境需要与交通运输发展不平衡不充分之间的双重矛盾,绿色交通发展的目标内涵不断丰富、责任担当更为迫切,必须加快交通运输生态文明体制改革,强化顶层设计,深化体制机制创新,切实推动交通运输生态文明建设和绿色发展,形成节约资源和保护环境的交通运输总体布局、生产方式与消费方式。然而,现有的绿色交通发展框架性顶层设计以及具体的评价指标体系还不能完全适应国家治理体系和治理能力现代化、生态文明与绿色发展战略、现代综合交通运输体系建设等新形势、新要求，迫切需要进一步丰富完善与创新提升。为此，《交通运输部关于印发2015年全面深化交通运输改革重点任务的通知》第35条明确要求“制定绿色交通发展框架和评价指标体系”，将制定绿色交通发展框架和指标体系列为交通运输部重点改革任务。

为全面落实交通运输部深化改革重点任务，交通运输部综合规划司在2015年度交通运输节能减排能力建设项目中安排了《绿色交通发展框架及指标体系研究》作为支撑项目予以重点研究，旨在通过系统深入研究绿色交通发展框架及评价指标体系，制定时间节点明确、时间跨度较长的绿色交通发展路线图，推动交通运输绿色发展，实现绿色交通治理体系和治理能力现代化，同时有助于建立交通运输行业节能环保工作的倒逼机制，促进各级交通运输主管部门和交通运输企业自觉推动行业转型升级和提质增效，实现交通运输绿色发展。

二、绿色交通发展框架趋势要求

（一）绿色交通发展存在的主要问题

从目前绿色交通发展情况来看，尽管“十二五”期间交通运输行业绿色低碳发展取得了一定成绩，但与加快建立系统完整的生态文明制度体系、全面建成绿色交通运输体系的更高要求相比，还存在一些不足和问题，主要体现在以下方面。

一是综合交通运输体系尚未形成，运输资源配置仍需提高。公路、水路、铁路、民航、管道等运输方式各自发展，难以进行资源整合和优化运输结构，相互之间衔接与协调亟待加强，各种运输方式客货场站布局不尽合理，相互之间缺乏衔接配套，综合运输的整体效益不能充分发挥。

二是行业清洁能源使用比重偏低，能源效率尚需提高。目前全国交通运输行业清洁能源使用比重仍然较小，特别是营运货车运输装备和机械设备的能源清洁化水平有待提升。各种运输方式缺乏有效衔接，高效运输组织推广缓慢，节能技术应用范围不够，影响了能源使用效率的提升。

三是运输组织仍需优化，运输效率亟待提高。当前我国交通运输组织方式总体还比较粗放，管理水平落后，社会零散运力没有有效整合，道路货物运输和内河航运主体“多、小、散、弱”，企业经营集约化与规模化程度低，现代化信息管理技术应用不足，车辆回程空驶运力较多，船舶载重量利用率较低，运输组织覆盖网络有限。

四是交通运输绿色交通科技支撑与服务能力仍需增强。目前，我国交通运输绿色科技研发投入不足，缺乏鼓励绿色交通技术、产品推广的配套激励政策和机制，节能环保技术、产品的推广应用进展缓慢；现代信息技术应用推广还比较滞后，交通运输绿色技术服务体系尚未建立，绿色交通技术产品和服务市场还有待进一步规范。现代信息技术应用推广还比较滞后，行业总体信息化水平不高，公众出行和货物交易信息服务能力还有待增强。

五是绿色交通相关法规标准还不完善，制度环境亟待改善。缺乏绿色交通发展战略，绿色交通运输法规标准不健全，战略规划体系不完善，激励约束政策有待进一步强化。节能减排统计监测等基础性工作薄弱，绿色交通绩效评价考核指标体系尚未建立，交通建设工程节能减排设计标准建设滞后；绿色交通资金投入不足，市场机制尚不健全，促进交通运输绿色发展的长效机制尚未形成。

六是行业绿色监管能力薄弱。目前我国交通运输节能环保统计监测能力仍较薄弱，统计监测手段单一，硬件配套不到位，基础数据匮乏，导致底数不清。企业特别是公路建设施工企业对能耗和污染物排放统计工作重视不够，规划确定的目标指标完成情况难以具体量化，节能减排能力建设亟待加强。由于交通运输行业能源统计、监测、分析制度尚未建立，目前我国交通运输尚没有建立集采集、传输、加工、存储和使用于一体的能源和排放统计监测信息系统，使得行业数据收集不全，或收集数据不准确，缺乏时效性、连续性，在一定程度上影响和制约了交通运输节能环保的相关工作，交通运输节能环保统计监测业务能力建设亟待加强。

（二）绿色交通发展框架构建的形势与要求

“十三五”及今后一段时期，一方面，我国交通基础设施网络和运输装备都已具备较大规模并将继续维持较高的增长速度，全社会运输活动水平也将持续增加，交通运输行业将面临大规模养护、大规模建设并存的局面，能源消耗、资源占用和污染物排放将呈现总量巨大且快速增长的状态；另一方面，国家和公众对质量和环境安全的总体要求不断提高，明确了各行业在大气污染、水污染和土壤污染防治方面的具体责任。“十三五”期间交通运输行业大规模、高速度的持续发展将受到更为严峻的资源环境约束，交通运输绿色发展面临着新的更高要求。

1.适应经济发展新常态要求交通运输加快实现绿色转型

目前，以习近平同志为核心的党中央对我国经济形势做出了经济增长速度换挡期、结构调整阵痛期、前期刺激政策消化期“三期叠加”的重要判断，“十三五”时期及未来中长期，我国经济将进入发展的“新常态”，包括增长速度的新常态、增长动力的新常态、结构调整的新常态和宏观政策的新常态等，我国亟须转变经济发展方式，保持经济持续健康发展。作为经济社会发展的基础性、先导性和服务性行业，在我国经济发展进入新常态阶段后，预计未来一段时间，交通运输行业发展面临新的形势，应积极适应经济新常态，全面推进绿色交通运输发展，大力发展现代物流和加快推进快递业发展，加快运输装备更新升级，切实发挥好行业作为宏观经济“稳定器”的作用，切实发挥好对促进经济增长的突出作用，加快绿色交通运输基础设施建设，优化综合交通运输投资结构，提升交通基础设施绿色养护管理水平，大力发展多式联运、甩挂运输、滚装运输等现代化的运输组织方式，优化市场资源配置，提升行业国际竞争力。

2.国家加快推进生态文明建设与绿色发展迫切要求交通运输实现绿色发展

党的十八大报告把生态文明建设放在国家现代化建设更加突出的位置，首次将生态文明建设纳入中国特色社会主义事业“五位一体”总布局，要求把生态文明建设融入经济建设、政治建设、文化建设、社会建设各方面和全过程。中共中央、国务院发布的《关于加快推进生态文明建设的意见》，再次明确了生态文明建设对于实现“两个一百年”奋斗目标和中华民族永续发展的重要意义，提出到2020年资源节约型和环境友好型社会建设取得重大进展。《生态文明体制改革总体方案》中首次提出，到2020年，构建起由自然资源资产产权制度、国土空间开发保护制度、空间规划体系、资源总量管理和全面节约制度、资源有偿使用和生态补偿制度、环境治理体系、环境治理和生态保护市场体系、生态文明绩效评价考核和责任追究制度等八项制度构成的产权清晰、多元参与、激励约束并重、系统完整的生态文明制度体系，推进生态文明领域国家治理体系和治理能力现代化，努力走向社会主义生态文明新时代。而2015年10月发布的《中共中央关于制定国民经济和社会发展第十三个五年规划的建议》中，提出要实现“十三五”时期发展目标，必须牢固树立并切实贯彻创新、协调、绿色、开放、共享的理念，要在改革和发展中全面推进生态文明建设。从跻身“五位一体”总体布局开始，生态环境保护越来越受到高层重视，“十三五”时期将进一步向经济社会的各个角落渗透。十八届五中全会关于“十三五”发展规划的建议，将此前出台的《关于加快推进生态文明建设的意见》和《生态文明体制改革总体方案》等顶层设计，由“概念图”转换成了“施工图”，这是一个至关重要的转变。

交通运输是经济社会发展的“先行官”，同时又是一个对能源资源依赖较重、对环境影响较大的行业，在推进生态文明建设、实现社会经济发展绿色化的进程中，交通运输行业同样需要勇于担责、率先作为，通过加快技术创新和结构调整，促进资源节约循环高效利用，加大自然生态系统和环境保护力度，以交通运输的绿色发展全面支撑生态文明建设和经济发展绿色化。交通运输行业作为能源资源消费和温室气体排放的重点领域之一，为贯彻落实党中央、国务院推进生态文明建设和绿色发展理念，必须实施绿色交通发展。

3.推进交通运输治理体系和治理能力现代化要求交通运输行业提升绿色治理能力

十八届三中全会对全面深化改革做出了总体部署，明确改革的总目标是完善和发展中国特色社会主义制度，推进国家治理体系和治理能力现代化。为贯彻落实中央关于全面深化改革的战略部署，交通运输行业需要以生态文明制度体系建设为指引，制定时间节点明确、时间跨度较长的绿色交通发展路线图。为推进交通运输绿色发展，实现绿色交通治理体系和治理能力现代化，要求构建绿色交通发展框架和建立交通运输行业节能环保工作的倒逼机制，促进各级交通运输主管部门和交通运输企业自觉推动行业转型升级，实现交通运输绿色发展，建立绿色交通评价指标体系。按照目标明确、责任落实、措施到位的基本要求，以加快转变交通运输发展方式为主线，以推动绿色交通发展为目标，在绿色交通发展框架的指导下，融合绿色交通发展的概念，从节能降碳、污染防治、生态保护、资源集约利用、监督管理等方面，建立健全行业绿色交通评价指标体系，评价全行业绿色交通发展现状，引领绿色交通发展方向，确保实现绿色交通运输体系的建设。

4.落实国家污染防治行动要求交通运输实现清洁发展

生态环境特别是大气、水、土壤污染严重,已成为全面建成小康社会的突出短板。目前,国家对污染治理提出了更为严格的排放控制要求和责任追究制度。国家陆续出台了《大气污染防治行动计划》《水污染防治行动计划》和《土壤污染防治行动计划》。这些行动计划的关键目标和主要任务都要求在"十三五"期间取得关键性突破。十八届五中全会发布的《中共中央关于制定国民经济和社会发展第十三个五年规划的建议》中提出实行能源和水资源消耗、建设用地等总量和强度双控行动。这就是说,"十三五"期间,既要控制总量,也要控制单位国内生产总值能源消耗、水资源消耗的强度。交通运输行业的机动车船尾气排放、污水排放和土壤污染等防治任务都列入了上述三大治污行动计划。随着交通运输能力供给瓶颈的逐步缓解,交通运输行业的发展已经逐步由基础设施建设为主向基础设施建设与运输服务并重转变,运输活动产生的空气、土壤、海洋等污染受到广泛关注。"十三五"及今后一段时期,交通运输行业污染治理任务将十分繁重艰巨,必须着力强化监督管理,重点完善污染防治设施建设,尽快建立节能环保监测考核体系,实现清洁运输,全面完成国家污染防治行动计划确定的目标任务,加快推进绿色交通发展,从而推进经济发展转型,为建设美丽中国提供环境支撑。

5.应对气候变化新目标要求交通运输实现低碳发展

交通运输是能源消耗和温室气体排放的三大主要来源之一。我国已成为全球第一大二氧化碳排放国,国际气候变化谈判形势日益严峻,减排压力不断加大。2015 年 12 月,在巴黎闭幕的《联合国气候变化框架公约》缔约方会议第 21 次大会通过了具有历史意义的全球气候变化新协议。我国向联合国提交的《强化应对气候变化行动——中国国家自主贡献》已确定了到 2030 年左右二氧化碳排放达到峰值并争取尽早达峰的目标,并计划到 2030 年非化石能源占一次能源消费比重提高到 20%左右。目前,我国仅公路水路运输能耗就占到全国石油及制品消耗总量的 30%以上,根据当前趋势预测,交通运输行业二氧化碳排放在 2030 年难以达到峰值。因此,2030 年达峰目标的提出意味着我国交通运输业未来一段时间将需要承担艰巨的减排任务,必须加快推进绿色交通运输发展,为我国实现应对气候变化目标做出新的更大贡献。

三、绿色交通发展框架及指标体系的目标与定位

(一)目标定位

1.顶层设计

绿色交通发展框架,重点解决顶层设计问题,研究提出绿色交通的内涵特征、功能定位、体系框架、发展思路、战略目标、战略重点、实现途径等。核心是实现绿色交通治理体系和治理能力现代化。重点在于构建绿色交通制度体系框架和治理能力体系框架,包括明确治理主体、治理客体和治理手段等。

绿色交通发展框架及评价指标体系目标定位见图 1-1。

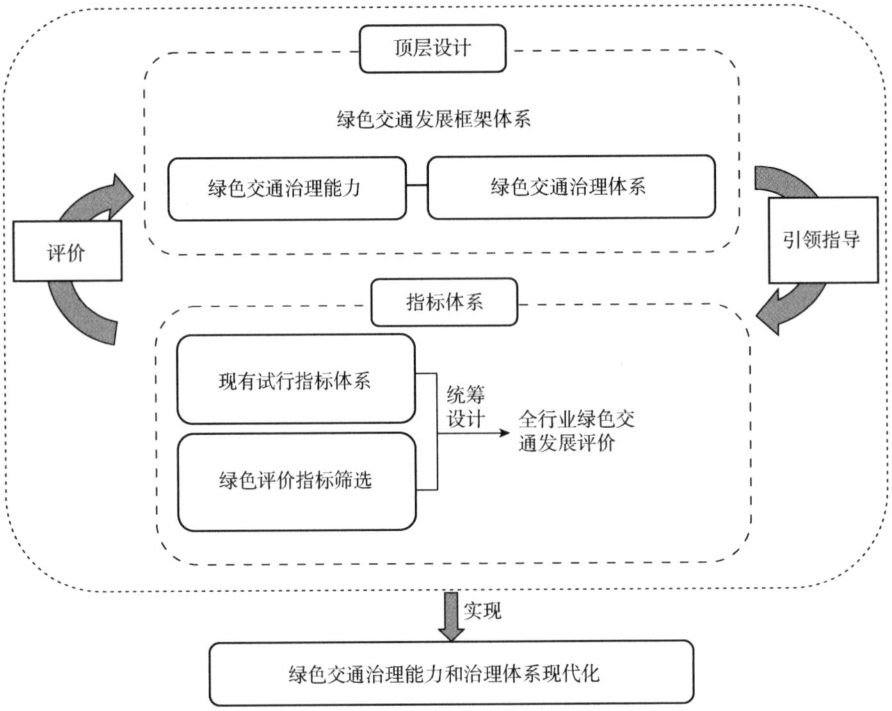

图 1-1　绿色交通发展框架及评价指标体系目标定位

2.指标体系

绿色交通发展指标体系,用于指导全行业绿色交通发展绩效评价。在交通运输行业现有已发布的绿色交通省份、城市、公路、港口等指标体系(试行)、征求意见稿的基础之上,从全国交通运输行业层面,结合绿色交通发展内涵,在绿

色交通发展框架的指导下，统筹设计指标体系，研究提出用于评价全行业绿色交通发展的指标体系，评价全行业绿色交通发展现状，引领绿色交通发展方向。同时，在全行业的绿色交通评价指标体系下，完善和细化省份、城市等各类指标。

（二）范围界定

本书的范围界定为：着眼“大交通”、体现“大绿色”。着眼“大交通”，即行业范围包括公路、水路、城市交通、铁路、民航、管道等各种交通运输方式，贯穿“建管养运”，但重点聚焦于公路、水路交通运输行业；体现“大绿色”，即发展领域包括节能降碳、生态保护、资源节约循环利用、污染防治，实现途径包括优化交通运输结构、提高发展质量效率、强化绿色科技创新、提升绿色治理能力。

（三）技术路线

绿色交通发展框架构建的基本思路为：遵循理论与实践相结合、中国国情与国际发展现状相结合、前瞻性与现实性相结合的方针，以能源环境经济学、气候变化经济学、低碳经济、管理科学等相关基本理论为指导，以重大现实问题为导向，以文献综述和国内外典型调研为基础，充分吸收借鉴国内外绿色经济、低碳经济、绿色交通相关理论成果与实践经验，立足于绿色交通发展现状并且符合国情发展趋势的渐进式道路，紧密结合《公路水路交通运输节能环保“十三五”发展规划》《综合交通运输“十三五”发展规划》等规划，研究构建完整的、系统的、有针对性的绿色交通发展框架，提出绿色交通发展指标体系，探索新时期发展背景下，我国绿色交通发展的创新之路，作为建设交通运输领域生态文明的重要内容，体现绿色交通对交通运输现代化的引领作用，为交通运输节能环保和应对气候变化行动奠定坚实基础。

第二章　绿色交通发展框架相关理论

一、绿色交通发展的概念

（一）绿色交通相关概念综述

20 世纪后半叶以来，城市化的发展突飞猛进，但与此同时，也带来了诸多问题。环境污染、气候变暖、能源危机、交通拥堵等等诸多问题的出现与恶化，使人们不得不反思以往的发展方式，转而寻找一种更长久的生存发展之道。在 1987 年世界环境与发展委员会发表的《我们共同的未来》报告中首次提出了“可持续发展”一词，并将其定义为：“既满足当代人的需求又不危及后代人满足其需求的发展”。《环境与发展宣言》和《全球 21 世纪议程》确立了可持续发展的概念，并将其作为人类社会发展的共同战略[1]。1992 年《环境与发展宣言》将可持续发展作为人类发展的共同战略。在可持续发展框架下，绿色交通理念应运而生。绿色交通是一个全新的认识理念，目前尚无统一的定义。1994 年，加拿大学者克里斯·布拉德肖（Chris Bradshaw）首次对绿色交通的定义进行了阐述，即通过优化发展绿色交通工具，减少交通拥堵，净化城市居住环境，降低能源消耗[2]。我国在 1994 年《中国 21 世纪议程》通过后，开始把可持续发展作为各项建设和发展的重要战略指导原则。

在可持续发展战略的指导下，城市的可持续发展成为城市规划相关各界的重要议题。低碳城市、生态城市、宜居城市等概念相继提出。这些概念都是可持续发展理念在城市层面的具体落实,分别从碳排放、环境质量和社会生活等方面使可持续发展在城市层面形成了具体的目标。而随着小汽车发展带来的城市交通拥堵和环境污染越来越严重,可持续的交通发展方式受到越来越多的关注。1996 年在世界银行出版的《可持续城市交通:政策变革的关键》一书中,首次提出了“可持续城市交通”的概念,并阐述了三方面的基本内容:经济与财务、环境与生态、社会的可持续性[3]。其中,环境和生态的可持续是可持续性的前提和根本。基于这种观点,以环境保护为目标的“绿色交通”应运而生。

2003 年,建设部和公安部发出《关于开展创建“绿色交通示范城市”活动的通知》,明确绿色交通的内涵是“适应人居环境发展趋势的城市交通系统”,即以安全、便捷、高效率、低消耗、低污染为目标,运用科学的方法、技术、措施,构建以公共交通为主导的多元城市交通系统,推动城市交通与城市建设协调发展,营造与城市社会经济发展相适应的城市交通环境。

关于绿色交通概念和内涵的研究有很多。研究初期,国内外研究主要侧重于绿色交通内涵的研究。1994 年,加拿大人克里斯·布拉德肖(Chris Bradshaw)首次提出“绿色交通体系(Green Transportation Hierarchy)”的概念,并对交通工具进行了绿色性的优先级排序,依次为步行、自行车、公共运输工具、共乘车和单人驾驶自用车[2]。最初的绿色交通理念仅仅局限于对绿色交通方式的推广,而这种对步行、非机动交通和公共运输工具的推崇,与新城市主义中关于交通和土地利用的一些主张不谋而合,并且相辅相成。绿色交通的概念不断扩展,成为一种更广泛意义上的交通发展方式。随着绿色交通研究的不断发展,绿色交通发展的内涵也从针对城市交通向经济、社会等综合发展不断演化。顾尚华[4](2000)、沈添财[5](2009)等学者认为绿色交通的内涵侧重于运输工具、运输组织模式的优化,提倡优先发展公共交通,控制小汽车的使用,减少高污染车辆的使用,提倡使用清洁干净的燃料和车辆。王智慧[6](2000)、王静霞[7](2001)等学者将环境、资源约束等理念引入绿色交通之中,提出了环境质量导向的城市交通系统建设。杨晓光[8](2002)、赵小云[9](2002)、刘东飞[10](2003)等学者将绿色交通的内涵扩展到交通系统内部优化与社会、经济、环境等外部环境的协同发展。杜庄[11]等(2005)运用可持续发展理论讨论了交通与自然环境、社会环境间的相互影响,认为交通的发展首先应该是可持续的,这也是绿色交通的本质内涵。陆蓉[12]等(2006)从交通功能、资源利用和环境保护这三大绿色交通系统目标方面,对理解绿色交通的前提和关键做了明确的阐述。

综合来看,绿色交通是一个全新的理念,它是一种以缓解交通堵塞、降低环境污染、促进资源合理利用为目的,满足城市环境、经济和社会可持续发展要求的协和式交通运输系统,它与解决环境污染问题的可持续发展概念一脉相承。它强调城市交通的“绿色性”,即减轻交通拥挤,减少环境污染,促进社会公平,合理利用资源。其本质是建立维持城市可持续发展的交通体系,满足人们的交通需求,以最少的社会成本实现最大的交通效率。绿色交通以平等性、协调性、以人为本、平衡性和延续性为指导原则,其本质是建立维持城市可持续发展的交通体系,以满足人们的交通需求,同时注重节约资源、保护环境和社会公平,是一种与环境、资源、社会三方面相和谐的交通,是实现交通可持续发展的一种有效手段。这种理念是三个方面的完整统一结合,即:通达、有序;安全、舒适;低能耗、低污染。

(二)绿色交通的概念

本研究在深入探索绿色交通内涵与特征的基础上提出了绿色交通的概念。

绿色交通是一种交通运输与经济社会协调发展、与自然生态和谐共生的可持续发展方式,是以最小的能源资源消耗和生态环境代价,最大限度地满足人们的交通运输需求,推动行业实现资源节约、环境友好的交通运输系统。

绿色交通是生态文明和绿色发展理念在交通运输领域的集中体现,是转变交通运输发展方式的重要途径,是“四个交通”发展战略的内容之一,是引领交通运输现代化发展的重要组成部分。绿色交通内涵丰富,涉及诸多要素,具体可以从不同维度、不同视角来全方位理解和把握。

——运输方式(全口径):绿色交通着眼“大交通”,即全面包括公路、水路、城市交通、铁路、民航、管道等各种交通运输方式。

——系统构成(全覆盖):绿色交通全面覆盖绿色基础设施体系、绿色运输装备体系、绿色运输组织体系、绿色科技创新体系、绿色管理服务体系等五大子系统。

——重点领域(全领域):绿色交通发展的重点领域包括节能降碳、资源节约循环利用、污染防治、生态保护等。

——实现途径（全方位）：绿色交通发展的实现途径体现全方位，主要包括优化结构、提质增效、科技创新、能力建设等手段。

——发展环节（全过程）：绿色交通发展应体现全生命周期理念，把绿色发展理念和要求贯穿于决策、规划、设计、施工、运营、维护、运输、管理等全过程之中。

——发展对象（全要素）：绿色交通发展的对象涵盖资源环境的全要素，体现“大绿色”理念。交通资源节约的对象是土地、岸线、能源、材料等，而环境友好涉及的对象主要是指大气、水、土壤、声等自然生态环境。

——发展主体（全员参与）：绿色交通发展的主体包括政府、企业、行业中介组织和社会公众等，形成政府有效推动、企业自觉行动、社会共同参与的绿色发展长效机制。

绿色交通发展视角见图2-1。

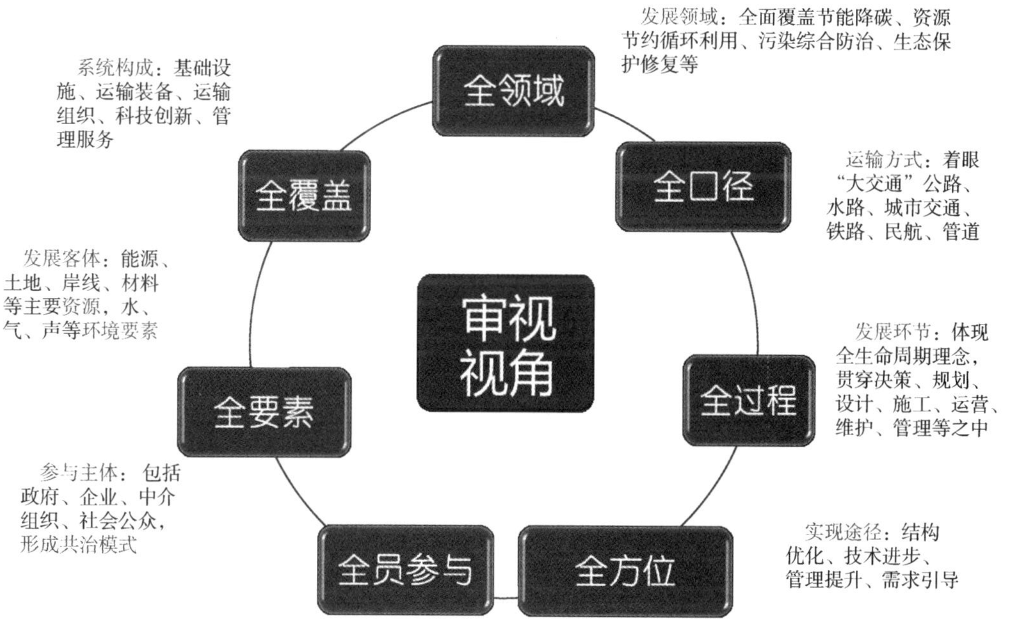

图2-1　绿色交通发展审视视角

（三）绿色交通发展的内涵与特征

1.绿色交通发展的内涵

绿色交通发展的基本内涵是牢固树立生态文明建设和绿色发展的核心理念，充分考虑经济社会发展和资源环境承载力，以节约优先、保护为本为指导方针,以转型升级、提质增效为重点任务,以深化改革、创新驱动为根本动力,以绿水青山、永续发展为目标追求,以统筹协调、示范引领为基本方法,以节能降碳、污染防治、生态保护和资源节约循环利用为主要领域,全面推进交通运输基础设施畅通成网、配套衔接,运输装备先进适用、节能环保,运输组织集约高效、经济便捷,运输服务快捷便民、公平优质,绿色交通治理体系和治理能力基本实现现代化,最终实现交通运输与经济社会和自然环境的协调发展。具体体现在以下几个方面。

①以生态文明、绿色发展为核心理念

发展绿色交通,在核心理念上要坚持生态文明和绿色发展。发展绿色交通,要以资源环境承载能力为约束条件,要坚持节约资源和保护环境的基本国策,把生态文明建设放在突出的战略位置,全面落实十八届五中全会关于绿色发展理念的内在要求,将生态文明、绿色发展理念全面贯彻到基础设施、运输装备、运输服务和支持保障等各大领域,全面贯穿规划、设计、施工、运营、养护、管理等各环节,实现资源环境要素的全面覆盖、发展行动的全员参与,努力推动交通运输绿色发展、循环发展和低碳发展,实现交通运输与经济社会协调发展、自然环境和谐共生。

②以节约优先、保护优先为指导方针

发展绿色交通,在指导方针上,要坚持节约优先、保护优先。发展绿色交通,在交通运输能源资源利用中,要牢固树立节约集约循环利用的资源观,把节约放在优先位置,全面节约和高效利用能源资源,倡导绿色出行方式,以尽可能少的能源资源消耗满足最大的交通运输需求。在交通运输环境保护与发展中,把保护放在优先位置,在发展中保护、在保护中发展,坚持“最大限度的保护、最低程度的破坏”,尽可能减少交通建设和运输过程中的生态环境影响和废弃物排放,全面提升交通环境保护水平,实现“低消耗、少排放、能循环”。在交通生态建设与修复中,以自然恢复为主,与人工修复相结合,力争“不欠新账、多还旧账”。在资源集约高效循环利用、生态环境受到严格保护的基础上,与生态文明建设相协调,形成有利于节约资源和保护环境的绿色交通运输空间格局、产业结构和消费模式。

③以转型升级、提质增效为重点任务

发展绿色交通在重点任务上,要坚持转型升级、提质增效。发展绿色交通,要主动适应经济新常态和全面建成小康社会的重要要求，与国家推动生态文明建设和五中全会绿色发展理念目标相匹配，加快交通运输结构转型升级，加快推动循环低碳交通运输发展，构建科技含量高、资源消耗低、环境污染少的绿色交通产业结构，推动交通运输转入集约内涵式的发展轨道；更加注重提质增效，坚持树立用户至上的理念，体现人文关怀、人性化服务，把不断满足经济社会快速发展和人民群众对交通日益增长的需要作为交通工作的出发点和落脚点；坚持好中求快，注重交通运输发展规模、速度的同时，更加注重追求发展的质量、效益，提升交通基础设施和运输装备的使用效率和服务水平，惠及民生；规范运输市场，优化运输资源配置，提高运输组织效率，全面提升交通运输服务品质。

④以深化改革、创新驱动为根本动力

发展绿色交通的根本动力，是坚持深化改革、创新驱动。发展绿色交通，要积极贯彻十八届三中全会关于全面深化改革和十八届五中全会关于创新发展理念的总体要求，以深化改革和创新驱动作为推进绿色交通发展的根本动力，坚决破除区域壁垒、市场分割等体制机制弊端，提高交通运输行业整体运行效率；转变政府职能，全面深化综合交通运输体制机制改革，深化交通运输行政管理体制改革，建立统一开放、竞争有序的市场规则；全面加强体制机制创新、政策创新、市场创新、业态创新、管理创新和技术创新，统筹推进创新能力建设，激发交通运输发展的内生动力和活力，开创交通运输改革创新发展的新局面。

⑤以绿水青山、永续发展为目标追求

发展绿色交通要以绿水青山、永续发展为目标追求。发展绿色交通要牢固树立“以人为本”的理念，而良好的生态环境是最惠普的民生福祉，保护自然环境就是保护人类，建设生态文明就是造福人类。习近平总书记多次强调“我们既要绿水青山，也要金山银山。宁要绿水青山，不要金山银山，而绿水青山就是金山银山。”发展绿色交通以最少的能源资源消耗最大限度地满足人们的交通运输需求，实现低污染、高能效、可持续的交通，最大限度地实现绿色惠民；推动绿色交通发展，必须坚持走资源节约、环境友好、生态文明的可持续交通发展之路，其根本目的是实现交通运输发展与经济社会协调、与自然环境和谐，实现永续发展。

⑥以统筹协调、示范引领为基本方法

发展绿色交通在基本方法上，要坚持统筹协调、示范引领。发展绿色交通，要坚持统筹兼顾，统筹国际、国内两个市场，坚持“走出去”与“引进来”相结合，优化资源配置，增强发展的动力和后劲，统筹区域交通、城乡交通协调发展，统筹协调综合运输体系建设与绿色交通运输发展，统筹基础设施建设、运输市场监管、支持保障系统与行业生态文明建设协调发展，统筹交通运输与经济社会、自然环境协调发展。要注重示范引领，以绿色交通试点示范项目为推进手段，继续深化绿色交通省份、城市、公路、港口、航道等试点示范推广，推进“车、船、路、港”千家企业低碳交通运输专项行动，节能低碳交通技术（产品）推广，加快节能环保统计监测评价考核体系建设，完善试点示范的主题和推进方法，全面推进绿色交通运输体系建设。

⑦以节能降碳、污染防治、生态保护、资源节约循环利用为主要领域

发展绿色交通在主要领域上，要以节能降碳、污染防治、生态保护、资源节约循环利用为重点。发展绿色交通，要服从国家生态文明建设和绿色发展的总体战略部署，在节能降碳领域，有效控制交通运输行业用能总量过快增长，优化用能结构，不断提高新能源、可再生能源在交通运输建管养运各环节中的使用比重，开展低碳交通运输技术创新，严格控制交通运输建管养运各环节碳排放总量；污染防治领域，有效治理交通建管养运中产生的各种污染物，严格控制行业主要污染物排放总量及排放强度；生态保护领域，减少交通运输建管养运中的生态环境影响和废弃物排放，全面提升交通环境保护水平，严格落实水土保持、植被保护和生态恢复措施，逐步提升交通基础设施周边生态系统功能；资源节约循环利用领域，强调在交通规划、设计、建设和管理的各个环节，集约与节约利用土地、岸线资源，强化交通节能降耗，重点强调资源的减量化、再循环利用和废弃物的资源化。

2.绿色交通发展的主要特征

绿色交通发展的主要特征集中体现为“三低三高”，即低消耗、低排放、低污染、高效能、高效率、高效益，具体体现在：

一是低消耗，是指交通运输发展对土地、岸线、通道、水、建筑材料等自然资源占用尽可能降低，油品、电力等能源消耗量尽可能减少。

二是低排放，是指交通运输建设养护与运输生产过程中产生的温室气体、废水、废气、固体废弃物、噪声等排放显著降低。

三是低污染，是指交通运输发展产生水污染、大气污染、噪声污染等污染显

著降低，从源头削减、过程防控、末端治理综合施策，有效保护和改善水、大气、声、土壤、生态等环境，使交通运输发展造成的环境负面影响有效降低。

四是高效能，是指相关政府部门通过综合采取法律、经济、行政、技术等手段，交通运输行业资源环境治理体系和治理能力现代化水平较高，交通运输建设与运输市场运行高效有序，交通运输系统行政管理与综合服务效能显著提高。

五是高效率，是指通过对交通运输需求和供给进行有效调控和结构优化，不断提升运输组织效率，提高行业科技进步贡献率和全要素生产率，以尽可能少的交通运输行业能源资源消耗和生态环境影响，满足最大的交通运输服务需求，实现交通运输系统运行效率和行业能源利用效率的显著提高。

六是高效益，是指通过提高交通运输能源利用效率，实现交通运输企业经营成本的显著降低，进而促进交通运输系统运行成本、全社会物流成本有效降低，尽可能提高发展效益，实现经济效益、社会效益和环境效益的有机统一。

二、绿色交通发展框架相关理论基础

（一）绿色交通发展研究现状

1.国外绿色交通发展研究现状

1994 年加拿大学者克里斯·布拉德肖（Chris Bradshaw）根据交通对环境的影响程度，率先提出绿色交通体系的概念，当时其主要论点为“绿色交通等级层次”，即绿色交通工具使用的优先级。将绿色交通工具进行优先级排序，依次为步行、自行车、公共交通、共乘车、最后才是单人驾驶的自用车。进入 21 世纪，绿色交通作为城市交通发展的重要理论受到全世界的关注，并逐步成为城市交通可持续发展的有效途径。多个发达国家已采取措施有效推进了绿色交通建设进程，如：美国波特兰市已经初步建立起了以“交通与环境和谐”为特征的交通环境政策体系；英国 BedZED 社区绿色交通运输体系建设取得较大成功，二氧化碳排放得到有效控制；新加坡正在实施“小汽车持证上岗”制度；西班牙正在通过可折叠电动汽车缓解城市交通污染；巴黎正致力于打造“自行车城市”等等。

①国外绿色交通政策研究现状

面对世界经济的高速发展及现代交通运输工具对环境造成的影响，美国学者路易斯·芒福特1964年就非常尖锐地指出："我们犯的最致命的错误就是牺牲了其他形式的交通方式而成全了私人轿车以及远距离飞行的飞机。实际上每种交通形式都有自己的使用空间，好的交通政策应该改善每种交通方式使之得到最佳利用"。他认为在科学技术高速发展的时代同样要注重生态环境和伦理研究。1992年欧盟颁布了第一个关于共同交通政策的白皮书，呼吁开放交通运输市场；2001年12月针对经济体规模逐渐扩大、运输方式不协调以及交通运输造成的温室效应等因素，又发布了《面向2010年欧盟交通运输政策：时不我待》白皮书，主要内容是优化交通方式组合、恢复交通方式与交通拥挤之间的均衡，提供安全优质高效的服务。1993年，约翰·怀特莱格(John Whitelegg)出版了《可持续未来的运输：欧洲实例》，戴维·班尼斯特(David Banister)和肯尼施·伯顿(Kenneth Button)出版了《运输、环境和可持续发展》[13]，这两部著作都是将交通运输和可持续发展紧密结合，通过对美国和欧洲等发达国家交通运输对环境的影响、环境的价值以及对交通政策的建议等方面的研究，提出了"可持续发展交通"的理念。1996年世界银行出版的《可持续发展的交通运输——政策改革之优先课题》一书又进一步提出了"可持续运输"的概念，认为可持续性是制定运输政策的基础[14]。1997年格雷·哈(Gray Haq)所著的《面向可持续的运输规划：英国和荷兰的比较》，以及世界经合组织等都对可持续交通的概念、内容和政策做了详细论述。《2010年欧洲运输政策白皮书》《英国运输新政：新世纪英国运输白皮书》等交通战略文件中都开始使用并大力推广可持续发展的理念。

②主要发达国家绿色交通体系建设经验

相对于传统交通而言，绿色交通是一种全新的理念与模式，在世界各国得到了不同程度的推广，成效显著。英国是世界上最早建立并引领绿色交通体系建设的国家。自《京都议定书》签订后正式把低碳经济作为经济转型的国家战略，建立并发布了一整套包括气候变化税、碳基金、碳交易市场、补贴政策在内的政策体系，并发布了一系列专项战略指导交通碳减排[15]。2002年7月发布的《未来机动车发展战略》(简称PFV)，为低碳汽车和燃料的研发、引进以及推广制定了全面的决策和行动框架，同时成立低碳汽车伙伴关系(简称LowCVP)和内阁低碳小组，以确保PFV战略的顺利实施和有效监督。英国伦敦2002年开始对在交通高峰期开车进入伦敦市区的车辆征收交通拥堵费。另外英国不少政界名人也身体力行，实践绿色出行。2007 年 5 月，英国出台《低碳交通创新战略》。该战略为鼓励绿色交通技术创新和研发确定了全面框架，分别对道路、航空、海运和铁路领域的低碳技术进行了分析研究，并制定了一系列包括市场运作、政府监管、财税政策支持、信息宣传导向及公民低碳意识提升等的从低碳交通技术研发到商业化推广的政策方案。2009 年 11 月，英国又出台了国家交通行业转型计划——《低碳交通：一个更加绿色的未来》[16]，为英国未来低碳交通体系的建设制定了总体战略规划。此外，英国能源与气候变化部还开始向英国的航空公司分配欧盟碳交易系统中的免费配额，成为全球第一个将航空公司纳入碳排放交易体系的国家，目的就是促进航空业温室气体减排。

美国是全球 CO_2 排放量最大的国家，一直实施大力发展绿色能源及节能降排等策略，在温室气体减排等方面取得了很大成效。但美国从自身利益出发，在低碳经济的发展过程中，不断调整变化战略和政策。布什政府拒签《京都议定书》，而奥巴马政府则大打"绿色新政"牌。2002 年 6 月美国环保局公布《2002 年气候变化报告》。2005 年出台《能源政策法》，开始对轿车和中型、重型卡车实施更严格的排放和能效标准。2009 年 2 月又正式出台了投资总额达 7870 亿美元的《美国复苏与再投资法案》[17-18]，推动可再生和替代性能源开发及利用。其中，新能源汽车成为新能源战略的重要组成部分，支持汽车制造产业升级，鼓励生产节能、高效的混合动力汽车。在绿色交通方面，美国自 20 世纪 90 年代开始出现交通拥堵、城市污染、土地资源浪费等城市问题，开始了交通政策的大变革[19-20]。相继出台了《联运地面交通效率法案 1991》与其后续法案《21 世纪交通公平法案》以及《安全、负责任的、灵活的、有效率的交通平等法案 2005》（简称 SAFETEA- LU），标志着美国交通政策全面向绿色交通转型。美国的绿色交通发展主要有以下几方面特点：①交通与资源和谐，即以最小的代价或最少的资源维持交通的需求；②交通与区域和谐，即注重综合交通规划，注重城市空间结构、土地使用等要素的协调；③交通与社会和谐，即关注安全、效率、以人为本；④交通与环境和谐，即创造清洁空气，保护环境。美国联邦运输部定期制定 5 年期战略规划，始终将环境保护作为其发展主线之一。为缓解拥堵这一最难解决的交通问题，SAFETEA-LU 赋予州政府更多的自主权来决定道路收费标准，同时鼓励使用实时交通管理技术来优化交通安全管理和交通出行方式；政府定期向社会发布减少碳密集型出行活动战略；成立示范项目，为其提供资金支持，以探索利用新技术和新管理手段提高交通设施建设和维护效率的方法。

日本是典型的岛国，能源资源极其匮乏。作为《京都议定书》的发起国，日本始终将节能和发展新能源作为国家重要战略，在全球绿色交通建设中也一直发挥积极作用并处于国际领先地位。1979 年日本首次颁布实施了《节约能源法》，几经修订，2003 年正式实施《修正节能法》，着眼于能源的重复利用和综合利用，推进合理用能及再生资源利用，促使企业、机动车辆、耗能设备必须遵守更为严格的能效标准，对汽车、商用和家用电器设备等实行强制能效标识制度。1997 年 3 月，日本政府通过了多达 66 项的节能对策，包括节能税制调控措施、限制私人汽车进入城市等，鼓励企业、科研机构开发与“阳光计划”一致的新产品、新技术，发展与之相应的新型服务体系等。《1998 年度日本运输经济报告》明确提出“与全球环境共存的运输”，实现运输的环境共存性及用户友好性。2003 年《日本运输政策白皮书》[21]又提出了一系列导向性的关键理念，该白皮书通过制定政策，加强运输服务，为实现舒适的社区、富有活力的社会经济、国土安全、美丽的环境和地区多样性，建立一个与全球环境共存的运输的战略目标，要求交通运输要控制资源消耗，减轻环境负担；要降低尾气和噪声排放，减少空气和环境污染；要采取回收利用和其他方式，强化资源的再生和利用。另外，财税政策在日本交通运输节能减排政策中占有非常重要的分量[22]。节能减排财政性投资额逐年保持较大增幅。通过采取税收优惠措施大大降低节能减排投资成本，使得节能减排投资的边际收益进一步大于边际成本，刺激企业加大节能投资力度。当然，仅靠税收政策并不能解决节能减排全部问题，还要采取其他配套管理措施。自 2005 年起，日本从发展节能减排技术、保护能源来源、实施能源消费多样化等多方面进行结构调整，旨在降低汽车运输业对石油的依赖。在公路运输方面，为实现汽车运输业对石油的依存度从目前的接近 100%下降至 80%以下的目标，日本政府制定了汽车运输业下一代能源利用计划，兼顾了能源结构调整对运输成本的影响，确定了推广生物燃料和天然气合成油（GTL）等新型燃料与石油燃料共用的多样化的燃料结构。此外，将电动汽车、燃料电池汽车列入中长期发展计划，使燃料构成中还包括电力和氢能源。日本提出构建环境友好型交通体系，并采取了建设综合运输体系、发展绿色物流和智能交通、创新替代能源技术、制定机动车燃油经济性标准、实施财政激励、推行自愿碳排放交易等政策。

日本创新型交通系统,大力发展轨道交通

日本创新绿色交通系统,即停车换乘系统,居民驾驶私家车从位于郊外的家里前往最近的电车站或公交站,将车停放到停车场后再利用公共交通工具前往市中心,这一交通系统有助于缓解市中心的交通拥堵与减少 CO_2 排放。目前,从东京都圈外部到东京核心区域的人们都在城外停车换乘轨道交通。

东京有几十条城市轻轨和地铁组成的立体轨道交通,每天运行旅客数量达 2000 万人次,是北京的 4 倍,承担了全部客运量的 86%,远远高于纽约的 54%、巴黎的 37%和伦敦的 35%。换乘方便和准时是东京地铁的另一大特点:有 99%的线路换乘在三四分钟之内完成,基本上可以实现换乘的无缝连接。东京都中心区的交通枢纽站,不管是市内地铁换乘市内电车,还是由市内电车、地铁换乘城郊电车或新干线,大都在站内就可实现,不少车站的出站口直通大型商场、大型娱乐场和公司大楼,避免了人流二次拥堵,对缓解路面交通压力非常有效。

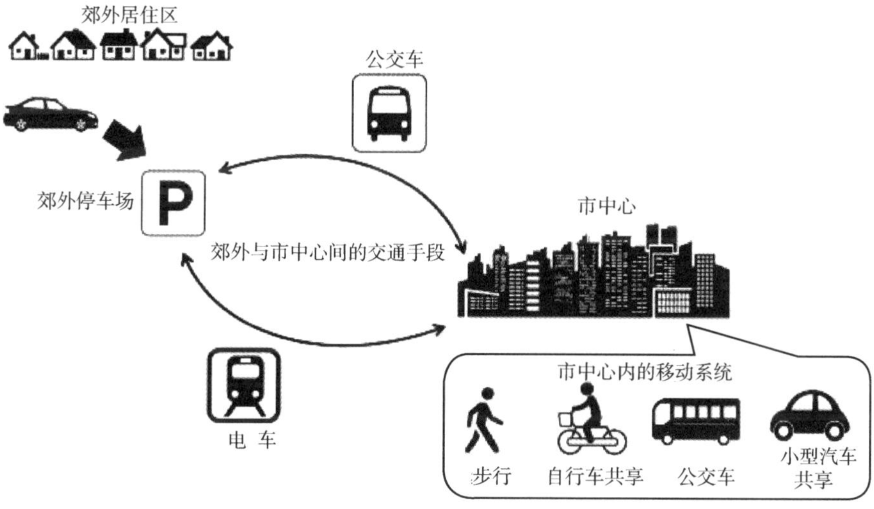

2.国内绿色交通发展研究现状

十八大后,交通运输部根据中央关于推进生态文明建设的总体部署,提出了建设“综合交通、智慧交通、绿色交通、平安交通”的战略部署,确立了“绿色交通”的引领地位,要求以节约资源、提高能效、控制排放、保护环境为目标,加快推进绿色循环低碳交通运输体系建设。本小节主要通过对国内绿色交通发展理念研究现状进行梳理,从节能减排、资源节约集约利用、生态保护、污染治理等多个方面研究我国绿色交通实践推进现状,分析目前我国绿色交通发展研究的不足,为我国绿色交通发展框架的完善奠定基础。

①绿色交通理论研究现状

绿色交通发展理念已得到国家有关部门、专家学者和广大公众的认可,其概念、框架领域的研究得到了有效推进(卜景东等[23],2005;陆化普等[24],2012;宿凤鸣等[25],2008)。绿色交通概念不断扩展,现已涵盖清洁运输方式、绿色运输装备、先进运输体系等多方面,如:许云飞(2007)认为,绿色交通是一种资源高效、能源清洁、环境友好、生态健康、行为文明和景观美化的交通[26];王昭娜(2011)认为,绿色交通一方面要完成交通特有功能,另一方面要克服交通负面特性(噪声、占地等)[26]。陆化普[27-28](2009)指出绿色交通的狭义概念更加强调交通系统的环境友好性,其广义概念包含了推动公交优先发展、促进人们在短距离出行中选择自行车和步行的出行模式、节约能源、保护环境、建立公共交通为主导的城市综合交通系统等,并辨析了城市可持续交通、绿色交通和低碳交通的相互关系,指出绿色交通广义上等价于城市可持续交通,还从降低交通需求总量、减少道路网络机动车数量、改善机动化交通整体运行状况、改变机动车单体排放水平以及改变出行者的交通行为特征五个角度探讨了绿色交通的主要影响因素和机理,还从绿色交通系统的内部优化和外部系统的协调共生两个层面提出实现绿色交通的措施建议。王刚、沈建武[29](2004)提出以人为本的规划思维,通过优先发展公交系统、调整土地利用模式、大力提倡货运物流化、加强交通管理、引入ITS和使用低污染或无污染交通工具、建立绿色交通环境影响评价体系等建设绿色交通体系。周民良、周群[30](2010)认为绿色交通体系与传统交通体系相比,具有节能、环保、低碳等优点,越来越成为世界各国推进城市可持续发展的重要内容,建设绿色交通体系,符合生态城市建设方向,与建设资源节约型、环境友好型社会,转变发展方式,促进宜居城市建设的发展目标相一致,此外,对比绿色循环低碳、两型行业、低碳交通、循环经济等相关理念可知,各理念均强调污染控制、生态保护、节约能源、资源循环利用等,但其对绿色交通借鉴作用仍有所不同。

综上所述,国内大多学者关于绿色交通的内涵、目标和实现策略形成共识。绿色交通,作为实现可持续交通的重要手段,以节能减排和环境保护为主要目标，主要通过发展新能源汽车、加强交通管理、发展公交优先、鼓励慢行（步行、自行车等）、调整土地利用和建立绿色交通影响评价体系等来实现。绿色交通相关理念的梳理见表2-1。

绿色交通相关理念梳理　表2-1

理念	基本含义	侧重点	主要借鉴作用
绿色循环低碳	生态文明融入交通运输发展各方面和全过程，加快推进绿色交通基础设施建设、节能环保运输装备应用、集约高效运输组织体系建设、科技创新与信息化系统建设、行业监管能力提升	绿色、循环、低碳	绿色循环低碳综合目标：强调基础设施、运输装备、组织管理、科技信息
两型行业	考虑资源环境承载力，通过优化产业结构、提高发展质量、集约节约利用资源、强化科技创新和提升公共服务能力等，实现交通运输与经济社会协调、与自然环境和谐发展	节约资源、保护环境	注重资源能源节约和环境保护，强调与经济社会协调、与自然环境和谐
低碳交通	核心在于提高能源效率、改善用能结构，优化发展方式，目的在于使交通基础设施和公共运输系统最终减少高碳能源的高强度消耗	“三低三高”（低消耗、低排放、低污染、高效能、高效率、高效益）	交通运输发展要贯彻全过程的“低消耗、低排放、低污染、高效能、高效率、高效益”
循环经济	在交通基础设施建设、交通运输装备等领域，以资源减量、再利用及循环再生为手段，提高交通基础设施建设、交通运输装备升级优化、交通运输系统管理服务等业务环境的水平	少用、集约、持久、替代	注重交通资源减量化、能源集约化以及废弃物的再利用和循环再生等

此外，随着交通行业转型发展要求的提出，绿色交通评价指标研究取得一定进展，大致分为3类。一是绿色交通系统评价指标：主要针对单个子部门开展，如：陆化普[24]（2012）从绿色交通分担率、出行距离加权平均值、出行时间指数、公交可达性、清洁能源车使用比例等方面提出了绿色公路评价指标。二是可持续交通指标，在加拿大、德国、瑞典和英国均有应用，如：英国LTP指标体系包括可达性、拥挤度、基础设施、出行方式构成、环境、能源、交通满意度等方面的21个指标；三是节能减排评价指标，如：绿色循环低碳交通运输省份、城市、公路、港口等系列考核指标体系，均由强度性、体系性、

保障性和特色性四类指标构成。但总体而言,"绿色交通"至今还未被解释成明确指标和可操作内容,还缺乏特征性的评价指标,确定发展目标时尚缺乏确凿依据,绿色交通推进方案尚未形成一致认识,亟须开展深入研究。

②绿色交通推进实践研究现状

在建设绿色交通的框架体系下,针对绿色交通的实现策略,国内研究也进行了相关探索,主要是从交通系统内部建设和绿色交通与外部系统协调角度方面。一是国内在研究从交通系统内部建设绿色交通上,主要通过发展绿色交通工具、引入智能交通系统、优化公交系统等来实现。智能交通系统已经在我国 BRT 智能管理系统、城市公共交通一卡通收费系统、车辆动态交通信息采集处理和发布等方面得到了广泛应用。赵航、何世伟[31](2009)在《城市公交服务网络能力计算研究》中探索了基于遗传算法求解公交服务网络总体有效能力的方法。刘婷婷、宋海瑜[32](2009)在《机动化时代我国城市公共交通的系统优化与制度保障》一文中从公共交通用地供给、路权、公交优先通行权和制度保障等方面对公交优先提出了诸多建议。综上所述,从交通系统内部发展绿色交通,主要是通过优化公共交通体系、推广节能汽车、利用高科技手段实现交通系统的高效运行和建设慢行系统等来实现的。二是在绿色交通与外部系统协调发展的研究上,国内学者主要从交通与土地利用的互动关系、绿色交通环境评价指标体系等方面对此进行了深入研究。毛蒋兴、闫小培[33](2005)认为城市土地利用模式与交通模式之间客观存在着互动机制,土地利用模式是交通模式形成的基础,交通模式的选择将会改变土地利用模式;鉴于交通与土地利用之间的这种互动关系,可以发展一种以公共交通为导向的发展模式(TOD),在公共交通走廊周边进行密集的土地混合利用的城市开发。

荷兰的土地利用与交通规划的一体化融合

荷兰中央政府发展了一种名为"ABC"的制度来鼓励交通规划与土地利用的一致性。基于这种制度,根据位置和行动类型产生的交通量的特征和它们对公交和私人交通便利程度的需求,在中央政府层面上进行分类。不同位置的区别应在公交规划和省市一级对"A"类和"B"类地段实施的停车限制上得到反映。实施这一办法需要进行分类控制,以避免相邻辖区之间的竞争损害交通设施按功能进行的配置,并避免为新居民区开发而对公共交通进行平行融资造成的对汽车的依赖。这在直接由国家、政府控制的地区非常有效。

例如，住房、物质规划和环境部从全国各分散点搬进与海牙中央火车站相邻的一幢新办公大楼，这将使开车上下班的比例从41%下降到4%，而乘坐轨道交通通勤的比例从25%攀升至57%，乘巴士和有轨电车的比例也从9%提高到20%。

③绿色交通建设现状的研究

国内文献对国内外的绿色交通现状进行了分析。林卫[34]（2001）对欧洲城市的交通系统进行了分析和总结相比之下，国内发展绿色交通时间较短，尚在起步阶段，如在BRT建设方面，北京、杭州、厦门、广州等十多个城市的BRT已投入运营；慢行交通方面，杭州市将公共自行车系统与旅游和市民生活结合起来，成功地将公共自行车系统纳入城市公共交通系统，并于2008年9月正式运营，目前国内多个城市正在积极建设自己的公共自行车慢行系统。总的来说，国外一些国家的绿色交通已经形成系统，环境社会效应已经出现，是我们学习借鉴的对象。国内绿色交通还处在建设阶段，目前以交通系统内部的改善为主，主要集中在地铁、BRT等的建设上，以TOD为指导的城市建设比较少。

④绿色交通政策研究现状

绿色交通实践推进层面，国内主要针对节能减排、资源节约集约利用、生态保护、污染治理等多个方面，已经从战略规划、政策支持、科技保障、监督管理等顶层设计层面开展了系列研究和实践。

一是行业发展战略规划方面，交通运输部已先后发布《公路水路交通节能中长期规划纲要》《公路水路交通运输节能减排"十二五"规划》《关于进一步加强交通行业节能减排工作的意见》《资源节约型环境友好型公路水路交通发展政策》《建设低碳交通运输体系指导意见》《加快推进绿色循环低碳交通运输发展指导意见》《交通运输节能环保"十三五"发展规划》等指导性文件，以统筹部署和科学指导行业加快推进绿色交通运输体系建设。区域性交通发展战略规划方面，交通运输行业为解决重点区域的资源、环境与交通发展矛盾突出的发展瓶颈问题，重点研究编制了《促进中部地区崛起公路水路交通发展规划纲要》《环渤海地区现代化公路水路交通基础设施规划纲要》《泛珠江三角洲区域合作公路水路交通基础设施规划纲要》《振兴东北老工业基地公路水路交通发展规划纲要》《长江三角洲地区现代化公路水路交通规划纲要》《珠江三角洲高等级航道网规划》《长江三角洲地区高等级航道网规划》《西部地区内河航运发展规划纲要》等发展规划，旨在构建区域全面、协调、可持续发展的交通运输体系。地方性交通发展规划方面，天津、河北、重庆、广州、福建、浙江、江西、贵州、湖北等省市发布了综合交通发展规划及“十三五”公路水路交通节能减排专项规划，均提出了资源节约、环境友好型交通运输行业的发展愿景以及由粗放式增长向集约型发展转变的措施，进一步明确了各省市交通运输节能减排目标和主要任务。

二是绿色交通法规标准体系方面，在节能降碳、生态保护、污染治理、资源能源节约、废弃物减排、环境监测等方面均出台了相关法规标准政策。节能降碳方面，交通运输部相继出台了《公路、水路交通实施〈中华人民共和国节约能源法〉办法》和《道路运输车辆燃料消耗量检测和监督管理办法》等部门规章，为交通运输节能减排工作逐步走上科学化、法制化、规范化提供了有力的制度保障。环境保护法规方面，国家先后出台了《中华人民共和国大气污染防治法》《中华人民共和国固体废物污染环境防治法》《大气污染防治行动计划》《水污染防治行动计划》《土壤污染防治行动计划》等一系列绿色循环低碳领域的法律法规，针对交通行业的建设、管理、养护和运输等各个环节，以上法律法规均涉及生态保护、污染治理、资源能源节约等一系列工作并提出了具体的措施。标准制度方面，交通运输部发布制定了《营运客车燃料消耗量限值及测量方法》《营运货车燃料消耗量限值及测量方法》《营运车辆综合性能要求和检验方法》《道路运输车辆燃料消耗量参数及配置核查规范》《营运客车燃料消耗量限值及测量方法》等多项标准规范，为加强道路运输车辆燃料消耗量检测和监督管理提供了制度保障，为实现绿色交通运输业发展提供了坚强支撑与重大保障。

具体交通运输绿色发展相关政策见表 2-2。

交通运输绿色发展相关政策一览表 表 2-2

序号	名　　称	发布主体	文　　号
（一）法律法规			
1	中华人民共和国节约能源法	全国人大常委会	中华人民共和国主席令第七十七号
2	中华人民共和国循环经济促进法	全国人大常委会	中华人民共和国主席令第四号

续上表

序号	名　　称	发布主体	文　　号
3	中华人民共和国可再生能源法	全国人大常委会	中华人民共和国主席令第二十三号
4	公共机构节能条例	国务院	国务院令第531号
5	固定资产投资项目节能评估和审查暂行办法	国家发展和改革委	国家发展和改革委员会令2010年第6号
6	公路、水路交通实施《中华人民共和国节约能源法》办法	交通运输部	交通运输部令2008年第5号
7	道路运输车辆燃料消耗量检测和监督管理办法	交通运输部	交通运输部令2009年第11号
（二）全国人大常委会政策文件			
8	关于积极应对气候变化的决议	全国人大常委会	2009年8月27日通过
（三）国务院政策文件			
9	关于加快发展循环经济的若干意见	国务院	国发〔2005〕22号
10	关于加强节能工作的决定	国务院	国发〔2006〕28号
11	关于印发节能减排综合性工作方案的通知	国务院	国发〔2007〕15号
12	关于印发中国应对气候变化国家方案的通知	国务院	国发〔2007〕17号
13	关于成立国家应对气候变化及节能减排工作领导小组的通知	国务院	国发〔2007〕18号
14	关于进一步加大工作力度确保实现“十一五”节能减排目标的通知	国务院	国发〔2010〕12号
15	关于印发“十二五”节能减排综合性工作方案的通知	国务院	国发〔2011〕26号
16	关于印发“十二五”控制温室气体排放工作方案的通知	国务院	国发〔2011〕41号
17	关于严格执行公共建筑空调温度控制标准的通知	国务院办公厅	国办发〔2007〕42号
18	关于建立政府强制采购节能产品制度的通知	国务院办公厅	国办发〔2007〕51号

续上表

序号	名　　称	发布主体	文　　号
19	关于印发2009年节能减排工作安排的通知	国务院办公厅	国办发〔2009〕48号
20	转发发展改革委等部门关于加快推行合同能源管理促进节能服务产业发展意见的通知	国务院办公厅	国办发〔2010〕25号
21	中共中央　国务院关于加快推进生态文明建设的意见	中共中央、国务院办公厅	
（四）相关部委政策文件			
22	关于加强国家机关办公建筑和大型公共建筑节能管理工作的实施意见	建设部、财政部	建科〔2007〕245号
23	关于做好中小企业节能减排工作的通知	国家发展改革委	发改企业〔2007〕3251号
24	关于贯彻实施《中华人民共和国节约能源法》的通知	国家发展改革委等	发改环资〔2008〕2306号
25	关于开展节能与新能源汽车示范推广试点工作的通知	财政部、科技部	财建〔2009〕6号
26	关于印发《汽车以旧换新实施办法》的通知	财政部等	财建〔2009〕333号
27	关于印发半导体照明节能产业发展意见的通知	国家发展改革委等	发改环资〔2009〕2441号
28	关于印发《合同能源管理项目财政奖励资金管理暂行办法》的通知	财政部、国家发展改革委	财建〔2010〕249号
29	关于开展低碳省区和低碳城市试点工作的通知	国家发展改革委	发改气候〔2010〕1587号
30	关于组织申报半导体照明产品应用示范工程项目的通知	国家发展改革委等	发改办环资〔2010〕2082号
31	关于印发《交通运输节能减排专项资金管理暂行办法》的通知	财政部、交通运输部	财建〔2011〕374号
32	关于调整节能汽车推广补贴政策的通知	财政部等	财建〔2011〕754号
33	关于印发万家企业节能低碳行动实施方案的通知	国家发展改革委等	发改环资〔2011〕2873号

续上表

序号	名　称	发布主体	文　号
（五）交通运输部政策文件			
34	关于交通运输行业全面贯彻落实国务院关于加强节能工作的决定的指导意见	交通运输部	交体法发〔2006〕592号
35	关于印发2007年全国交通运输行业节能工作要点的通知	交通运输部	厅体法字〔2007〕73号
36	关于进一步加强交通运输行业节能减排工作的意见	交通运输部	交体法发〔2007〕242号
37	关于在交通运输行业开展节能示范活动的通知	交通运输部	交体法发〔2007〕289号
38	关于公布“十一五”第一批全国重点推广在用车船节能产品（技术）目录的通知	交通运输部	厅体法字〔2007〕138号
39	关于港口节能减排工作的指导意见	交通运输部	交水发〔2007〕747号
40	关于推进交通产品认证工作的意见	交通运输部	交体法发〔2007〕738号
41	关于印发2008年全国交通运输行业节能减排工作要点的通知	交通运输部	厅体法字〔2008〕24号
42	关于深入开展交通运输行业节能减排示范活动的通知	交通运输部	交体法发〔2008〕98号
43	关于印发公路水路交通节能中长期规划纲要的通知	交通运输部	交规划发〔2008〕331号
44	关于交通运输行业深入开展节能减排工作的意见	交通运输部	交体法发〔2008〕333号
45	关于印发2009年交通运输行业节能减排工作要点的通知	交通运输部	交体法发〔2009〕67号
46	关于印发资源节约型环境友好型公路水路交通发展政策的通知	交通运输部	交科教发〔2009〕80号
47	关于公布交通运输行业第三批节能减排示范项目的通知	交通运输部	交政法发〔2009〕266号
48	关于发布推进长江干线船型标准化实施方案的公告	交通运输部	2009年第24号

续上表

序号	名　　称	发布主体	文　　号
49	关于发布提前淘汰国内航行单壳油轮实施方案的公告	交通运输部	2009年第52号
50	关于促进甩挂运输发展的通知	交通运输部	交运发〔2009〕808号
51	关于印发2010年交通运输行业节能减排工作要点的通知	交通运输部	交政法发〔2010〕126号
52	关于开展“车、船、路、港”千家企业低碳交通运输专项行动的通知	交通运输部	交政法发〔2010〕185号
53	关于进一步加大工作力度确保完成今年节能减排重点工作任务的通知	交通运输部	交政法明电〔2010〕0514号
54	关于进一步加大工作力度，认真执行营运车辆燃料消耗量限值标准的通知	交通运输部	厅运明电〔2010〕0611号
55	关于进一步加强道路客运运力调控推进行业节能减排工作的通知	交通运输部	交运发〔2010〕390号
56	关于公布车船路港千家企业低碳交通运输专项行动参加企业名单的通知	交通运输部	厅政法字〔2010〕172号
57	关于印发《甩挂运输试点工作实施方案》的通知	交通运输部	交运发〔2010〕562号
58	关于促进高速公路应用联网电子不停车收费技术的若干意见	交通运输部	交公路发〔2010〕726号
59	关于表彰车船路港千家企业低碳交通运输专项行动优秀组织单位先进企业和先进个人的决定	交通运输部	交政法发〔2011〕47号
60	关于印发《建设低碳交通运输体系指导意见》和《建设低碳交通运输体系试点工作方案》的通知	交通运输部	交政法发〔2011〕53号
61	关于印发2010年交通运输行业节能减排工作总结和2011年工作要点的通知	交通运输部	交政法发〔2011〕57号
62	关于进一步做好道路运输车辆燃料消耗量检测和监督管理工作的通知	交通运输部	交运发〔2011〕68号
63	关于开展建设低碳交通运输体系城市试点工作的通知	交通运输部	厅政法字〔2011〕58号

续上表

序号	名　称	发布主体	文　号
64	关于发布交通运输行业标准汽车驾驶节能操作规范的公告	交通运输部	交通运输部公告 2011 年第 27 号
65	关于公布交通运输行业第四批节能减排示范项目的通知	交通运输部	交政法发〔2011〕304 号
66	关于公布“十二五”期第一批全国重点推广公路水路交通运输节能产品(技术)目录的通知	交通运输部	厅政法字〔2011〕134 号
67	关于印发公路水路交通运输节能减排“十二五”规划的通知	交通运输部	交政法发〔2011〕315 号
68	关于印发“十二五”水运节能减排总体推进实施方案的通知	交通运输部	交水发〔2011〕474 号
69	关于公路水路交通运输行业落实国务院“十二五”节能减排综合性工作方案的实施意见	交通运输部	交政法发〔2011〕636 号
70	关于印发 2013 年交通运输行业节能减排工作要点的通知	交通运输部	交政法发〔2012〕37 号
71	关于公布交通运输节能减排第三方审核机构名单的通知	交通运输部	交政法发〔2013〕4 号
72	关于印发交通运输节能减排专项资金支持区域性、主题性项目实施细则(试行)的通知	交通运输部	厅财字〔2012〕251 号
73	关于印发交通运输节能减排能力建设项目管理办法(试行)的通知	交通运输部	厅政法字〔2012〕252 号
74	关于印发交通运输节能减排专项资金申请指南(2013 年度)的通知	交通运输部	厅政法字〔2012〕245 号
75	交通运输行业 2012 年全国节能宣传周活动总结	交通运输部	厅函政法〔2012〕83 号
76	关于公布交通运输行业第五批节能减排示范项目的通知	交通运输部	交政法发〔2012〕269 号
77	关于印发《2011 年交通运输行业节能减排工作总结和 2012 年工作要点》的通知	交通运输部	交政法发〔2012〕46 号

续上表

序号	名　称	发布主体	文　号
78	关于贯彻落实公路水路交通运输行业落实国务院"十二五"节能减排综合性工作方案的实施意见的部门分工方案的通知	交通运输部	厅政法字〔2012〕16号
79	关于开展低碳交通运输体系建设第二批城市试点工作的通知	交通运输部	厅政法字〔2012〕19号
80	关于做好2012年推广天然气汽车应用试点工作总结的通知	交通运输部	交能办函〔2013〕4号
81	关于组织开展交通运输行业2013年节能宣传周和全国低碳日的通知	交通运输部	厅政法字〔2013〕118号
82	关于印发《加快推进绿色循环低碳交通运输发展指导意见》的通知	交通运输部	交政法发〔2013〕323号
83	关于"十二五"期间第二批全国重点推广公路水路交通运输节能产品(技术)目录的公示	交通运输部	交能办函〔2013〕23号
84	关于交通运输行业贯彻落实《2014—2015年节能减排低碳发展行动方案》的实施意见	交通运输部	交办法〔2014〕110号
85	关于印发交通运输节能环保"十三五"发展规划的通知	交通运输部	交规划发〔2016〕94号
86	关于实施绿色公路建设的指导意见	交通运输部	交办公路〔2016〕93号
87	关于发布《绿色交通标准体系(2016年)》的通知	交通运输部	交办科技〔2016〕191号
88	关于印发推进交通运输生态文明建设实施方案的通知	交通运输部	交规划发〔2017〕45号
89	关于全面深入推进绿色交通发展的意见	交通运输部	交政研发〔2017〕186号

目前,国内关于绿色交通的相关研究尚存在不足之处。一是关于绿色交通发展框架内涵的研究尚有不足之处,作为一种理论,其框架体系还不够明确,条理不够清晰,需要进一步研究完善。二是国内绿色交通发展路径的研究尚存不足,对于绿色交通引导政策的实效方面研究很少,如何将基于交通与土地利用关系的TOD模式融入规划原则和具体政策中,实现绿色交通,也尚待探索。三是绿色交通战略规划方面,绿色交通规划指南的研究和制定尚需完善,目前尚未建

立科学完整的规划体系，尚未建立分层次、分类别的绿色交通规划体系。四是绿色交通制度环境亟待加强，行业绿色发展法规标准仍需完善；缺乏绿色交通发展战略，绿色交通运输法规标准不健全，战略规划体系不完善，激励约束政策有待进一步强化；节能环保统计监测等基础工作薄弱，绿色交通绩效评价考核指标体系尚未建立，交通建设工程节能减排设计标准建设滞后；绿色交通资金投入不足，市场机制尚不健全，促进交通运输绿色发展的长效机制尚未形成。五是绿色交通的监管能力薄弱，目前全国交通运输节能环保统计监测能力仍较薄弱，统计监测手段单一，硬件配套不到位，基础数据匮乏，导致底数不清；企业特别是公路建设施工企业对能耗和污染物排放统计工作重视不够，规划确定的目标指标完成情况难以具体量化，交通运输节能环保统计监测业务能力建设亟待加强。

（二）绿色交通发展框架构建的视角

绿色交通发展框架包含三个基本构成要素，即“发展”“绿色交通”和“框架”。“发展”强调发展方向和数量的选择。“绿色”则是发展方式和质量的约束和要求。“框架”是一个基本概念上的结构，用于解决或者处理复杂的问题，重点解决顶层设计问题，框架是整个或部分系统的可重用设计，表现为一组抽象构件及构件实例间交互的方法；另一种定义认为，框架是可被应用开发者定制的应用骨架。前者是从应用方面，而后者是从目的方面给出的定义。可以说，一个框架是一个可复用的设计构件，它规定了应用的体系结构，阐明了整个设计、协作构件之间的依赖关系、责任分配和控制流程，表现为一组抽象类以及其实例之间协作的方法，它为构件复用提供了上下结构。

绿色交通发展框架源自解决当前社会环境污染问题的可持续发展理念，同时也是一个发展实践目标的问题研究。绿色交通强调了交通系统的绿色特征，即减少环境污染、降低资源消耗、避免交通拥堵、确保高效畅通等，在交通运输应发挥的基本功能属性基础上更关注民众生活，从追求量的发展转向追求质的提高，体现以人为本，寻求社会、经济、资源、环境等要素在发展生命周期中的综合成本最小。在以上理念的要求下，绿色交通是一个以结合当前阶段、当前条件为基础，以交通运行全过程、全领域为优化范围，以“三高三低”（高效率、高循环、高碳汇、低消耗、低排放、低污染）为特征，以提升正外部性（促进社会公平、提高交通效率）、降低负外部性（降低环境污染、减少资源消耗）为手段，以实现交通、社会、经济、资源、环境五个要素和谐共生为目标的系统化发展理念。

绿色交通发展框架是一个体系化的概念，其核心不仅在于提高交通运输系统能源效率、调整用能结构、转变发展方式，而且要求在交通基础设施、交通运输设备等领域，以资源减量、再利用及循环再生等为手段，提高交通设施建设、交通运输装备升级优化、交通运输组织水平、交通运输科技创新、交通运输系统管理服务等业务环节的节约水平。绿色交通是基于可持续理念发展起来的和谐式交通运输系统。《中国21世纪议程》明确提出了可持续发展的内涵特征，在其指导下，绿色交通也具备了清晰主题，即：支撑经济、人居环境持续发展，有效保护生态环境，有助于资源能源持续利用和建立持续消费模式等。可以从以下几个不同角度搭建绿色交通发展的基本框架。

1.从交通运输方式角度来看

从交通运输方式来看，绿色交通发展框架包括铁路运输、公路运输、水运、航空、管道运输等五种运输方式。国内交通运输能耗统计口径方面，国家统计局将交通运输、仓储和邮政业分为铁路运输业、公路运输业、水路运输业、城市公共交通业、航空运输业、管道运输业、装卸搬运、仓储和邮政等子行业。近年来，随着城市机动车保有量的增加，城市交通运输体系绿色交通发展越来越成为公众关注的焦点，其框架体系建设成为发展的重要部分。我国的公路运输能耗只统计了交通运输部门运营车辆的能耗，未统计私人车辆的能耗，而国际统计口径包括了所有交通运输工具的能耗，这部分能耗涉及的数值较大，对于评价交通运输绿色发展水平有着重要影响。管道运输是运输陆上油、气以及运输煤、精矿等能源资源的主要运输方式，本身就是一种运输距离短、能耗少、无污染、成本低、损耗少的运输方式。因此，在考虑交通运输行业统计分类时，从全口径的角度，本研究所涉及的绿色交通发展框架主要包括铁路运输、公路运输、水路运输、航空运输、管道运输、城市交通、私人乘用车等交通运输方式。

2.从交通运输全生命周期角度来看

绿色交通发展框架需将生态文明、科学发展等理念融入交通运输建设、管理、养护、运营等各个环节，坚决摈弃制度上“重建设、轻管理”、建设上“重两头轻中间、重公路轻水路、重道路轻枢纽”等长期存在的思想误区。具体而言，绿色交通应涵盖全生命周期，任何一个环节出现严重的生态破坏、环境污染或资源能源浪费都不是绿色发展。其次，考虑交通行业涉及的全部运输领域及可能影响的全部环境要素是贯彻生态文明“各方面”要求的重要体现。绿色交通运输发展框架体系的构建，主要围绕选择铁路、公路、水运、民航和城市交通等细分领域，选择基础设施建设、精细化管理、养护和运输等四个关键环节，加强运用科学技术、创新管理方式、优化制度措施体系等手段，逐步开展节能、节材、节水、节地（节岸线）减排、低碳和再生等重点方面，逐步实现提高交通运输资源能源利用效率、降低污染物和碳排放量、实现能源资源的循环再利用的最终目标。

绿色交通发展框架强调资源与环境问题并重。资源与环境作为相互联系的共生概念，共同决定人类社会发展的质量。绿色交通不仅关注能源消耗、温室气体排放、废旧材料的循环利用等热点问题，而且要求在资源利用、其他污染物排放等方面进行筹划；不仅关注环境的可持续发展，同时关注资源的可持续发展。因此，绿色交通需要从目前的能源、碳排放、废旧材料等领域扩展到资源、环境的整个领域。

绿色交通发展框架强调全方位全生命周期。绿色交通建设与运行包括实施前、实施中、实施后三个基本阶段，需将生态文明、科学发展等理念融入建设、管理、养护、运营等各个环节，其中涉及资源消耗、环境影响、废弃物回收处理等环节，同时交通系统又是一个开放的系统，需要与社会、经济、资源、环境形成互动。因此在绿色交通系统构建优化的过程中，须坚持以人为本的理念，明确边界，强调全过程、全方位绿色交通理念的贯彻介入。

3.从贯彻绿色发展理念的角度来看

绿色发展理念要求能源资源节约与生态环境保护相结合。党的十八大明确提出了“五位一体”总体布局，要求把生态文明建设放在突出地位，融入经济建设、政治建设、文化建设、社会建设各方面和全过程，努力建设美丽中国，实现中华民族永续发展。十八届三中全会进一步提出加快建立系统完整的生态文明制度体系，用制度保护环境，推进国家治理体系和治理能力现代化。十八届四中全会又进一步要求用严格的法律制度保护生态环境。2015 年 3 月，中央政治局会议首次提出了“绿色化”，将十八大提出的“四化同步”升级为“五化协同”。2015 年 5 月，中共中央、国务院正式印发的《关于加快推进生态文明建设的意见》中对生态文明建设进行全面部署，明确提出到 2020 年生态文明建设水平与全面建成小康社会目标相适应的总体目标。2015 年 10 月，十八届五中全会通过的《中共中央关于制定国民经济和社会发展第十三个五年规划的建议》中强调，实现“十三五”时期发展目标，破解发展难题，厚植发展优势，必须牢固树立并切实贯彻创新、协调、绿色、开放、共享的发展理念。《关于〈中共中央关于制定国民经济和社会发展第十三个五年规划的建议〉的说明》中对生态部分也进行了说明，强调实行能源和水资源消耗、建设用地等总量和强度双控行动。这就是说，既要控制总量，也要控制单位国内生产总值能源消耗、水资源消耗、建设用地的强度。五中全会对实现绿色发展提出了一系列新举措，坚持绿色发展，必须坚持节约资源与保护环境的基本国策，坚持可持续发展，坚持走生产发展、生活富裕、生态良好的文明发展道路，加快建设资源节约型、环境友好型社会，形成人与自然和谐发展的现代化建设新格局，推进美丽中国建设，为全球生态安全做出新贡献。这些都表明，我国经济社会发展已进入新阶段，对能源资源节约和生态环境保护提出了更高的要求，必须将绿色发展作为国家重大战略，加快推动经济社会发展转型升级提质增效。

绿色交通发展框架强调“节能、低碳、循环、减量、高效、生态”理念。绿色交通发展框架需要分解至可用于具体操作层面的理念，经过绿色交通概念的分析，交通的绿色化发展主要表现在“节能、低碳、循环、减量、高效、生态”等六个具体理念，这六个理念既相互联系又相对独立、各有侧重，可基本反映绿色交通的概念及要求。而绿色交通发展至少要在节能降碳、资源节约集约、生态保护、污染防治、监管能力建设等方面采取有效措施。节能主要通过结构优化、技术改进、管理优化实现交通运输能耗水平的下降；低碳主要通过用能结构优化，以清洁能源替代传统高碳能源，实现交通运输温室气体排放水平的下降；循环主要是交通运输建设与运行、废弃后资源的回收及再生利用，在交通建设工程中采用可再利用化、可降解化的材料，减少后期废弃或改建的资源处理障碍；减量主要指在交通运输全生命周期减少不必要的设备、材料投入，或加强既有设备的集约利用，如建筑材料用量的合理核定、云服务器等；高效主要表现为交通运输系统运行高效化，包括提供畅通的交通运输基础设施、完善的出行服务信息系统、便捷的行业管理系统等；生态主要指降低交通运输建设、管理中对生态环境造成的负面影响，或通过技术实现建设、管理过程中的生态环境修复。以上六个理念中，“高效”主要体现“以人为本”的理念，“节能”“循环”“减量”主要体现资源的可持续化理念，“低碳”“生态”主要体现环境的可持续化理念，同时加强了当前对于资源环境热点问题的考虑。

（三）绿色交通发展框架的内涵

绿色交通发展框架是绿色交通发展的顶层设计，是统领绿色交通运输发展的总要求，是“十三五”乃至更长时期我国绿色交通发展思路、发展方向、发展着力点的集中体现，是绿色交通发展的内涵特征、功能定位、体系框架、战略目标、战略重点、实现途径等的系统谋划，是实现绿色交通治理体系和治理能力现代化的根本途径。

根据上述绿色交通发展框架的构建视角分析，绿色交通发展框架是以资源环境承载能力为约束条件，以制度建设和工程措施等为主要推进手段，努力推进绿色生态交通基础设施建设、节能环保运输装备应用、集约高效运输组织体系、绿色智慧科技创新体系和绿色交通运输管理能力建设，充分体现资源集约、节能减排、污染控制、生态保护品质的绿色交通运输系统。综合来看，绿色交通发展框架内容主要包括节能降碳、污染防治、生态保护、资源节约循环利用、监管能力建设五大领域。

①节能降碳领域

有效控制行业用能总量；优化用能结构，不断提高新能源、可再生能源在交通基础设施运营中的使用比重；大力推广绿色照明、用能设备能效提升等高新技术；开展低碳交通运输技术创新；严格控制交通运输生产、运营、消费各环节的碳排放数量，有效控制行业碳排放总量。

②资源节约循环利用领域

强调交通基础设施优化设计，减少对土地资源的占用；节约集约利用通道资源，提高岸线利用效率；推进废旧材料再生和综合利用，提高资源再利用水平。

③污染防治领域

有效治理交通运输基础设施建设和运营中产生的各种污染物，严格控制行业主要污染物排放总量及排放强度。

④生态保护领域

合理布设交通运输基础设施，有效规避生态红线；严格落实水土保持、植被保护和生态恢复措施，逐步提升交通基础设施周边生态系统功能。

⑤治理能力建设领域

强调绿色交通制度体系建设、标准体系建设、监管体系建设和服务体系建设。

第三章　绿色交通发展框架构建

一、绿色交通发展框架构建的总体目标与思路

（一）总体目标

立足于中国绿色交通运输发展现状和绿色交通发展形势，明确我国绿色交通发展方向，研究构建一个目标明确、系统完整、结构清晰、层次分明、重点突出的绿色交通发展框架体系，并制定出一张时间节点明确、时间跨度较长的绿色交通发展路线图，为中国绿色交通发展理念、发展思路、发展方向、发展目标、发展着力点、发展路径等提供一个具有较强的前瞻性、科学性、可行性和创新性的顶层设计，为走出一条中国特色的绿色交通发展创新之路提供方向指引，为实现绿色交通治理体系和治理能力现代化、加快建成绿色交通运输体系描绘发展蓝图。

（二）总体思路

绿色交通发展框架是中国绿色交通发展的顶层设计，是统领绿色交通运输发展的总要求，是“十三五”乃至更长时期我国绿色交通发展思路、发展方向、发展着力点的集中体现，是绿色交通发展的内涵特征、功能定位、体系框架、战略目标、战略重点、实现途径等的系统谋划，是实现绿色交通治理体系和治理能力现代化的根本途径。

1.绿色交通发展框架构建的基本原则

①坚持系统设计、重点突出

注重系统工程思维、全寿命周期理念的运用，统筹交通运输与经济社会、相关关联产业相协调，尽可能全面考虑各种运输方式和私人交通，涵盖基础设施、运输装备、运输服务和支持保障等各大领域，贯穿规划、设计、施工、运营、养护、管理等各环节，同时注重各资源环境要素的全面覆盖、发展行动的全员参与，注重制度体系的一体化设计，增强绿色交通发展框架设计的全面系统性和普遍指导性，充分发挥发展框架的整合与协同作用。与此同时，聚焦绿色交通发展的重大目标、重大问题、重大改革、重大任务等，立足于当前交通运输部节能减排与环境保护的职权范围，在行业范围上重点突出公路水路交通运输；发展内容上重点围绕节能降碳、生态保护、资源节约循环利用、污染防治、能力建设等领域中交通运输部能够主导的重点工作；发展着力点上坚持问题导向，重点聚焦于当前绿色交通发展存在的突出问题和薄弱环节，以求补足短板。

②坚持科学可行、衔接协调

立足我国绿色交通发展的现实基础，遵循交通运输发展的客观规律，以科学的理论方法为指引，统筹谋划绿色交通发展框架，力求在框架设计上充分体现前瞻性、科学性与可操作性；坚持需求导向和目标导向，全面落实党的十八大以及十八届三中、四中和五中全会精神，注重与中共中央、国务院《关于加快推进生态文明建设的意见》和《深化生态文明建设体制改革总体方案》等政策文件的总体部署以及交通运输部《绿色循环低碳交通运输发展指导意见》《公路水路交通运输节能环保"十三五"发展规划》《综合交通运输"十三五"发展规划》等战略规划的衔接协调。

③坚持远近结合、因地制宜

着眼于支撑国家"两个一百年"目标的实现，着眼于"四个全面"战略布局的落实，着眼于全面建成绿色交通运输体系的长远战略目标，以战略眼光谋划到2030年乃至更长时期我国绿色交通发展思路、发展方向和发展着力点；"十三五"期间以及近期，分步推进，在框架设计上采用远近结合；坚持因地制宜，对于不同区域、不同地区的绿色交通发展框架设计，可以根据不同地理区位、资源禀赋、经济社会发展水平以及交通运输发展各阶段特征等予以区别对待，选择适合自身发展实际的绿色交通发展方向、目标、重点等框架模式。

④坚持继承发展、力求创新

既注重总结梳理、提炼"十二五"我国绿色交通发展探索实践中的有效做法及成功经验，又注重积极吸收借鉴国内外推进绿色交通发展的先进经验，并在绿色交通发展框架设计中予以充分继承发扬、体现并固化。同时,坚持以改革创新的精神,以新理念、新思路分析绿色交通发展新形势、新需求,对接未来发展新目标、新任务,积极探索构建绿色交通发展方向、发展目标、发展内容、发展重点等体系框架,力求实现创新突破。

2.绿色交通发展框架构建的总体目标

中国绿色交通发展框架构建的目标是:明确我国绿色交通发展方向,研究构建一个目标明确、系统完整、结构清晰、层次分明、重点突出的绿色交通发展框架体系,并制定出一张时间节点明确、时间跨度较长的绿色交通发展路线图,为中国绿色交通发展理念、发展思路、发展方向、发展目标、发展着力点、发展路径等提供一个具有较强前瞻性、科学性、可行性和创新性的顶层设计,为走出一条中国特色的绿色交通发展创新之路提供方向指引,为实现绿色交通治理体系和治理能力现代化、加快建成绿色交通运输体系描绘发展蓝图。

3.绿色交通发展框架体系结构

以党的十八大和十八届三中、四中、五中全会精神为统领,立足中国绿色交通发展现状基础,面向未来绿色交通中长期发展战略需求,紧紧围绕《公路水路交通运输节能环保"十三五"发展规划》《综合交通运输"十三五"发展规划》等的实施,以节能降碳、资源节约循环利用、污染防治、生态保护为主要领域,以优化交通运输结构、提高发展质量效率、强化绿色科技创新、提升绿色治理能力为主要途径,构建我国面向 2030 年的绿色交通发展框架。

中国绿色交通发展框架体系结构见图 3-1。

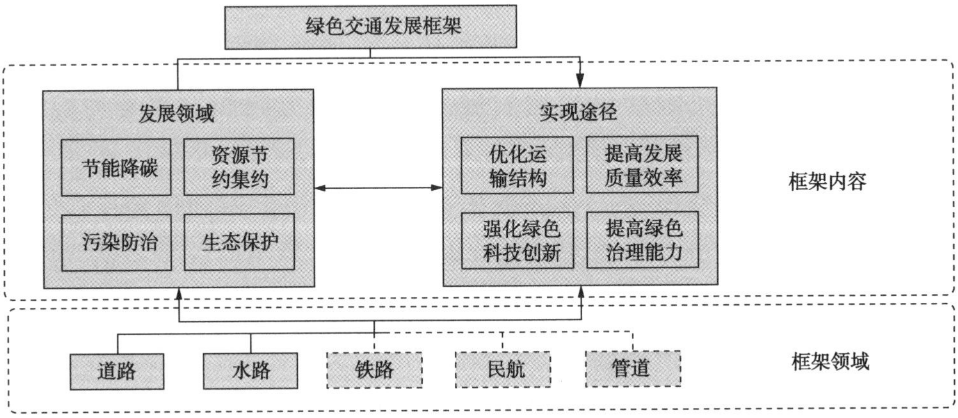

图 3-1 中国绿色交通发展框架体系结构图

二、绿色交通发展框架内容

(一)优化交通运输结构

优化交通运输结构、促进综合交通运输体系发展,实现交通运输资源的优化配置,是绿色交通发展的重要任务,是实现绿色交通发展的主要途径之一。优化交通运输结构的体系构成包括优化综合运输结构、优化交通基础设施结构、优化运输装备结构等几个方面。

1.发展思路

优化综合运输结构。综合交通运输结构优化对交通能耗和碳排放潜力贡献巨大。在调整优化综合运输结构方面,提高低能耗运输方式在综合运输体系中所占的比重,如大力发展水路运输,充分发挥其运能大、能耗低的比较优势;在城市交通中优先发展公共交通,实现城市交通的结构性节能减碳。

优化交通基础设施结构。找准症结、精准发力。着力解决区域发展不均衡,部分地区基础设施供给总量不足、结构不优的问题。强化战略支撑作用,服务"一带一路""京津冀""长江经济带"等重大国家战略。通过规划对接,共同推进国际骨干通道建设。充分考虑大通道与周边国家陆路交通基础设施规划的有效对接,优化网络布局和结构,提高基础设施的联通性和运输服务保障水平。抓住交通基础设施的关键通道、关键节点和重点工程,逐步形成内畅外联的国际运输大通道。推进铁路、公路、水运、航空等基础设施在建项目和新建项目建设。

优化运输装备结构。以运输装备能源结构为重点,综合优化交通运输装备结构,促进交通运输行业绿色发展。积极发展新能源汽车在营运交通领域的应用,提升应用水平。提升高铁、大功率电力机车、重载货车、中低速磁悬浮轨道交通等装备技术水平,着力研制和应用中国标准动车组谱系产品,研发市域(郊)铁路列车,创新发展下一代高速列车,加快城市轨道交通装备关键技术产业化。积极发展公路专用运输车辆、大型厢式货车和城市配送车辆,鼓励发展大中型高档客车,大力发展安全、实用、经济型乡村客车。发展多式联运成套技术装备,提高集装箱、特种运输等货运装备使用比重。继续发展大型专业化运输船舶。

2.主要内容

优化交通运输结构,适应社会经济发展需要,应着眼于国家经济社会发展全局,统筹区域、城乡交通协调发展,统筹交通与自然协调发展,优化综合运输结构、交通基础设施结构、运输装备结构、运输组织结构,促进综合运输体系建设。

优化交通基础设施结构,建设现代综合交通运输网络体系。积极促进现代综合交通运输体系建设,优化交通布局,加强运输大通道和综合交通枢纽建设,实现客运的“零换乘”和货运的“无缝衔接”。进一步完善公路网络结构,着力提升国省干线公路技术等级,提高路面铺装率,强化连接线、断头路、拥挤路段等薄弱环节,加强养护管理,使路网更畅通更高效。加快形成以高等级航道网为主体的干支直达、通江达海、结构合理的内河航道网,加强航道养护管理,开展碍航闸坝、桥梁专项整治工作,充分发挥内河航运的比较优势。建设布局合理、功能完善、专业化和高效率的港口体系,加大老码头更新改造力度,提高港口码头专业化、现代化水平。实施城市交通疏堵技术改造工程,开展公交示范城市建设,加快建设轨道交通和快速公交系统(BRT),加快公共交通场站和换乘枢纽建设,促进公交优先战略的全面落实。大力加强加气、充电等配套设施的规划与建设,为节能和新能源汽车推广应用提供有力支撑。在交通基础设施建设养护过程中,大力推进节能评估与审查,强化节能设计与绿色施工管理,努力降低能源消耗和排放水平,加强生态防护、植被恢复与绿化建设,增加碳汇能力。加大公路隧道、服务区、收费站、港口、航标等交通基础设施的节能技术改造力度,强化运营管理,提升运营效率和服务水平。通过不断提升交通基础设施的专业化、网络化水平和高效服务能力,加快形成节能型交通基础设施网络体系,为交通运输工具的安全、畅通、高效营运创造良好的交通条件,促进交通运输系统能耗与排放水平的降低。

优化能源结构,构建节能环保型交通运输装备体系。大力推进交通运输装备能源结构变革。加大新能源和清洁能源在城市公共交通和客货运输领域的应用,鼓励有条件的交通运输企业优先使用新能源汽车。要大力调整优化车船运力结构,继续推进水运行业应用液化天然气,在港口装卸机械和运输装备中优先使用电能或天然气等作为动力。支持加气、充换电等配套设施在交通运输领域的规划与建设。大力推广应用节能环保型运输车船,积极发展汽车列车、新型顶推船队,加快淘汰高能耗、低效率的老旧车船,引导营运车船向大型化、专业化、标准化、低碳化方向发展。加快淘汰高耗能、低效率的老旧设备,引导轻型、高效、电能驱动和变频控制的港口装卸设备发展。加快淘汰高能耗、高排放、老旧工程机械、工程船舶等。大力加强各类交通运输装备的检测和维修保养,保持良好技术状况。加快形成高能效、低碳化、环保型的交通运输装备体系,为交通运输行业节能减排奠定坚实的技术基础,最大限度地降低能耗和排放水平。

构建节能环保型交通运输装备体系的必要性和意义

交通装备标准化:我国货车标准化率不足50%,各类货运车型高达2万多种,货车技术标准与其他载运工具、站场设施、技术装备等标准缺乏统筹对接,与铁路、船舶等其他运输工具以及物流设施难以实现换装转运的无缝衔接,阻碍了多式联运发展,制约了甩挂、共同配送等先进组织模式的应用。货运车辆已成为物流技术装备中的短板。大力开展船型标准化,淘汰破旧小船,用更符合运营的船型来代替,可极大地提高船舶的船闸通行效率。

加强清洁能源利用:发展清洁能源与新能源是我国推进能源生产与消费革命,建设美丽中国,推动生态文明建设的重要抓手之一。《节能与新能源汽车产业发展规划(2012—2020年)》已提出明确目标,到2020年,纯电动汽车和插电式混合动力汽车生产能力达200万辆、累计产销量超过500万辆。

发展先进的运输组织模式,建设节能高效运输组织体系。优化货运组织管理,引导货运企业规模化发展。有效整合社会零散运力,实现货运的网络化、集约化、有序化和高效化,提高货运实载率。推进货物多式联运发展。以提高货物运输集装化和运载单元标准化为重点,积极发展大宗货物和特种货物多式联运。完善铁路货运线上服务功能,推动公路甩挂运输联网。制定完善统一的多式联运规则和多式联运经营人管理制度,探索实施“一单制”联运服务模式,引导企业加强信息互联和联盟合作。发展甩挂运输、多式联运等现代运输组织方式,推进江海直达运输。优化航运组织管理,提高船舶载重量利用率。强化港口生产运营管理,提高货物集疏运效率、装卸设备利用率和港口生产作业效率。

发展先进的运输组织模式的必要性和意义

发展甩挂运输：甩挂运输在欧美和日本等发达国家和地区早已成为主流运输方式，甩挂运输的货物周转量占到总货物周转量的70%~80%，甩挂运输的拖挂比例普遍达到1∶2.5以上。与发达国家和地区相比，我国甩挂运输总体起步较晚，发展缓慢，道路货物运输方式仍然以普通单体货车运输为主，甩挂运输完成的货物周转量在公路货运中占比不足1%，拖挂比例仅为1∶1.2。据文献资料显示，与传统的单车运输模式相比，甩挂运输大大提高了车辆运行效率，每百吨公里燃油消耗降低了10%~30%。

发展多式联运：我国交通运输结构长期以公路运输为主，铁路、水运低能耗的比较优势尚未充分发挥。虽然组织开展了多式联运等试点示范工程，但依然处于起步阶段，运输周转量占比相对较低，大规模的效率优势尚未凸显。据文献资料显示，水运的二氧化碳排放量相当于公路集装箱卡车排放量的1/25。

大力提升绿色出行比例。继续大力推行公交优先战略，建立以公共交通为骨干的绿色出行系统，降低出租汽车空驶率。研究实施交通拥堵收费政策和技术，提升城市交通运行效率。加强交通流管理，提高道路通行效率。通过加快构建节能高效运输组织体系，全面提升交通运输系统运行效率和能源利用效率。

3.发展目标

到2030年，综合运输结构、交通基础设施结构、运输装备结构、运输组织结构趋近合理，基本构建成面向现代化、一流的基础设施网络，交通运输通道建设能够起到促进区域协调发展，城际城市交通能够更好地引领新型城镇化，交通运输装备用能结构形成更加清洁化、低碳化的新格局，交通运输组织模式能够适应物流发展与客运出行便利的新格局。

（二）提高发展质量效率

充分挖掘存量资源的潜力，提升增量资源的效益，提高交通发展质量和效率，是实现绿色交通发展的重要途径。

1.发展思路

把握交通发展规律和趋势，抓住发展机遇，正确处理交通发展过程中出现的新问题，依靠科技进步和管理创新，用现代科学技术、管理技术改造和提升交通，不断提高交通基础设施工程质量和耐久性，降低全寿命周期成本，提升交通基础设施使用效率和服务水平。规范运输市场，建立统一开放、公平竞争、规范有序的运输市场，提高运输的组织化和集约化程度，优化运输资源配置，提高运输组织效率，全面提升客货运输服务品质。

2.主要内容

提升基础设施质量和效率。积极推进交通基础设施的升级改造，向网络化、智能化方向发展，提升交通基础设施使用效率。在设计上推行全寿命周期成本管理，强化系统综合设计，突出抓好工程总体设计、关键部位设计、材料控制及设计，提高工程的内在品质和结构的可靠性、耐久性、安全性和防灾减灾能力。建立大型交通基础设施风险评估机制，加强工程建设管理，完善"政府监督、社会监理、企业自检"三级质量保证体系，落实工程质量责任制，严格控制施工工艺，精心施工，保证合理工期，强化质量监督，不断提高工程质量。强化养护管理和机制创新，培育和完善交通基础设施养护工程市场。大力推行周期性养护和预防性养护，加强交通基础设施的病害诊断与处理，保障交通设施的有效使用，提高通行保障能力。加强对交通基础设施建设中主要产品和材料的质量监督，鼓励使用节能环保的新技术、新材料、新产品和新设备。大力推进交通基础设施的智能化进程，积极开展高速公路跨区域联网收费、不停车收费，数字航道以及智能化航运建设，挖掘现有交通设施的潜能，促进节能减排，提高交通基础设施的利用效率和服务水平。

提升运输服务质量和效率。加强对公路水路运输市场的监管，建立统一开放、公平竞争、规范有序的运输市场，提高运输效率和服务水平。提高货物运输服务质量和效率。现代物流是发展新兴交通服务业的重要领域，是传统货运业转型和升级的方向。要进一步发挥港口、站场在物流中的结点作用，强化交通运输在供应链中的服务功能，提供延伸服务和增值服务。积极发展第三方物流，引导货运企业与工商企业的协调与合作，大力拓展仓储、配送和代理等多种服务功能，扩展经营服务领域，发挥运输企业在物流供应链中的重要作用，促进运输企业由承运人向现代物流经营人转变。促进农村物流配送体系建设,完善物流服务网络,降低农村生产、生活物资的运输成本。大力推动规模化、集约化、网络化的运输模式,提高运输组织化程度。规范货运代理等中介服务行为,鼓励货运代理网络化发展。完善养路费、交强险征收等政策,积极推进甩挂运输发展。加强货运组织和运力调配,有效利用回程运力,提高货运实载率。提高旅客运输服务质量和效率,这是推进交通产业升级的内在要求,是引导公众出行由私人交通转向公共交通的重要途径。大力发展公共客运服务体系,构建由快速客运、干线客运、农村客运和旅游客运等组成的多层次道路客运网络体系,鼓励发展邮轮、水上旅游客运、包车客运、客车租赁等新兴服务业态,重点改善客运服务质量,以多样化、高品质的运输服务引导出行者选择使用公共交通方式。积极发展公共出行信息服务系统,提供及时、准确的出行信息。加快推进城乡客运交通一体化,比照城市公交客运政策,对农村公路客运给予政策支持,加快农村客运网络化建设,统筹规划农村公路、客运站点和线路布局,加快乡镇客运站点建设,探索农村客运线路公交化,推进城乡客运一体化和服务均等化。引导农村客运经营者采取灵活多样的运输组织形式,为农村居民出行提供普遍性服务。引导企业向社会提供高品质、个性化的优质运输服务,建立企业信誉考核制度,把服务质量和诚信状况作为配置运输资源的重要条件和市场引导的重要信号,激励企业加强管理,诚信经营。完善调整公路服务区维修网点建设,建立机动车维修救援网络,为道路运输优质服务提供保障。

3.发展目标

到 2030 年,交通基础设施与交通运输服务质量和效率得到全面提升。

(三)大力推进节能降碳

交通运输作为能源资源密集型行业,是能源消耗和温室气体排放的重点领域。大力推进节能降碳是交通运输行业推动能源革命的必然要求、应对气候变化的根本途径、实现绿色发展的内在要求,是绿色交通发展的核心内容之一。

1.体系构成

节能减碳就是指节约能源、降低能源消耗、减少二氧化碳排放。《中华人民共和国节约能源法》所称“节约能源”(简称“节能”),是指加强用能管理,采取技术上可行、经济上合理以及环境和社会可以承受的措施，从能源生产到消费的各个环节，降低消耗、减少损失和污染物排放、制止浪费，有效、合理地利用能源。碳减排，顾名思义，就是减少二氧化碳的排放量，妥善应对气候变化。节能减碳事关中国经济社会发展全局和人民群众根本利益，事关各国人民的福祉和长远发展。中国作为负责任的发展中国家，主张通过切实有效的国际合作，共同应对气候变化。我国政府已经宣布，到2020年，单位国内生产总值二氧化碳排放比2005年下降40%~45%，承诺2030年二氧化碳排放达到峰值且将努力早日达峰。节能降碳不是一个简单的工作部署，而是国家发展的战略；不仅仅是一个简单经济问题，还涉及国家总体发展的政治问题、外交问题，以及我国在国际社会的环境问题。

节能降碳落实到交通运输业，体现在交通运输的科学发展，是绿色发展的内在要求，优化交通运输能耗结构势在必行。交通运输能源消耗占全社会能源消耗的8%，在石油制品的消耗中，交通运输占三分之一以上。交通运输行业作为能源消耗大户，合理优化能源消耗结构，转变交通运输发展方式，加快综合运输体系建设，发挥各种交通运输方式比较优势。从具体工作层面，交通运输业节能降碳可概括为提升交通运输用能效率、优化交通运输用能结构、推广应用节能降碳技术。

2.发展基础

①交通行业节能减排基础有所提升

主要通过积极推进综合运输体系建设、推进公路交通基础设施结构优化和水路交通基础设施结构优化等三个方面。一是综合运输体系建设方面，在国家发展改革委《综合交通运输体系"十二五"规划》、交通运输部《交通运输"十二五"发展规划》的指引下，交通运输部加快了综合运输通道和综合枢纽建设，在大交通的形势下，交通运输部积极拟定并组织实施了一批公路、水路、民航行业规划、政策和标准，承担了涉及综合运输体系的规划协调工作，从而加快形成便捷、通畅、高效、安全的综合交通运输网络体系。二是积极推进公路交通基础设施结构优化，全国公路网络结构进一步完善，国省干线公路技术等级和路面铺装率不断提高，连接线、断头路等薄弱环节明显加强，路网更畅通更高效，并在公路基础设施建设和运营领域，积极组织开展了一系列先进适用的节能减排技术和产品推广，以降低能耗与排放水平，推动交通运输技术性节能减排，公路建设和运营节能减排技术推广取得初步成效；公路网络规模不断扩大，高速公路网络更加完善，等级高速公路所占比重明显提高，2013 年底全国公路公路密度为 45.38 千米/百平方千米，比 2010 年提高 3.63 千米/百平方千米，路面铺装率稳步提高，路面状况显著改善。三是积极推进水路交通基础设施结构优化，加快形成了以高等级航道网为主体的干支直达、通江达海、结构合理的内河航道网，加强航道养护管理，充分发挥了内河航运的比较优势。内河航道等级结构进一步优化，2013 年，全国内河航道通航里程 12.59 万千米，比 2010 年增加 1658 千米；港口泊位大型化和专业化水平不断提升，全国港口拥有万吨级及以上泊位 2001 个，比 2010 年增加 340 个，其中专业化泊位 1062 个。

②交通运输业能效水平提升

“十二五”以来，交通运输装备节能减排取得初步成效，高能效、低碳化、环保型交通运输装备体系建设正逐步推进。运输装备、船舶、港口机械、交通工程机械等逐步向大型化、专业化、标准化、低碳清洁化方向发展。此外，严格实行营运车辆燃料消耗量准入制度，累计审查、公布了 30 批达标车型，发布达标车型 2 万余个。加快淘汰了一批高耗能、高排放的老旧工程机械和工程船舶等，发布了《关于内河运输船舶标准船型指标体系的公告》，发布了营运船舶燃料消耗量和 CO_2 排放限值标准，要求新建船舶须满足标准要求，加大了对以天然气为动力的船舶试点工作的支持力度。印发了《关于进一步深化道路运输推广天然气汽车试点工作的意见》《关于加快推进新能源汽车在交通运输行业推广应用的实施意见》，推进江苏、山东、山西、广东等地开展天然气汽车应用试点。发布了《关于推进水运行业应用液化天然气工作的指导意见》及相关配套标准规范，核准了一批 LNG 动力船舶进行试点运营。

③交通行业节能减排管理体系逐步建立

- 法制体系层面

交通运输行业通过多年努力，目前已初步形成了包括法规、规划、标准规范等的多层次的交通运输节能减排制度体系。交通运输部配合全国人大财经委、国务院法制办等部门修订了《中华人民共和国节约能源法》，将交通运输节能纳入调整范围，为交通运输节能减排工作提供了法律保障。为贯彻落实《中华人民共和国节约能源法》，颁布了《公路、水路交通实施〈中华人民共和国节约能源法〉办法》和《道路运输车辆燃料消耗量检测和监督管理办法》等部门规章。先后发布了《公路水路交通节能中长期规划纲要》《资源节约型环境友好型公路水路交通发展政策》《建设低碳交通运输体系指导意见》《公路水路交通运输节能减排"十二五"规划》《加快绿色循环低碳交通运输发展指导意见》等政策性文件,逐步深化并进一步明确了交通运输节能减排的发展目标和重点工作。

《公路水路交通运输节能减排"十二五"规划》提出了加快构建"三大体系"、组织开展"两项专项行动"、着力推进"十大重点工程",并从强化组织领导、完善激励政策、加强交流合作、加强宣传引导等四个方面提出保障措施,确定了"十二五"交通运输行业节能减排总体目标和主要指标。自20世纪80年代以来,根据国家提出的"开发与节约并重,把节约放在优先地位"的能源战略方针,交通运输部有计划、有组织地先后制定、实施了《交通行业节能管理实施条例》《节能奖励办法》《交通行业节能技术政策大纲》《全国在用车船节能产品(技术)推广应用管理办法》《车船节能产品(技术)公布规则》《交通行业基本建设和技术改造项目增列节能篇的规定》《交通行业实施节约能源法细则》等部门规章。2006年,原交通部相继发布了《建设节约型交通指导意见》(交规划发〔2006〕140号)、《关于交通行业全面贯彻落实国务院关于加强节能工作的决定的指导意见》(交体法发〔2006〕592号)两个指导性文件,继续推动交通运输节能减排工作向深层次发展。同时,为有效促进交通运输节能减排工作,交通运输部依据国家政策和"十二五"规划纲要制定了详尽的交通运输业节能减排工作目标,如《公路水路交通节能中长期规划纲要》《资源节约型环境友好型公路水路交通发展政策》《建设节约型交通指导意见》《关于进一步加强交通行业节能减排工作的意见》等。与此同时,交通运输部还建立了较为健全的交通运输业节能减排披露制度,每年发布《中国公路水路交通环境保护状况报告》和其他能耗相关报表。交通运输部还出台了一系列相关的部门规章和技术标准规范,如《公路水路交通运输业实施〈中华人民共和国节约能源法〉细则》《港口经营管理规定》《内河运输船舶标准化管理规定》《老旧船管理规定》《水运工程节能设计规范》和《防治船舶污染海洋环境管理条例》等。交通运输部积极推出了节能减排示范项目,多家企业得到了国家的资金支持,推动了企业的技术创新,以实际的经济效益推动更多的企业加入到节能减排大军中来,特别是交通部《关于推动交通产品认证工作的意见》(交体发〔2007〕738号)的发布给交通产品认证指出了努力方向和工作要求。

- 组织架构层面

各地方交通运输主管部门和大型交通运输企业普遍设立了承担节能减排职能的工作机构、管理部门或岗位，初步建立了节能减排工作管理体系。一是省、市交通运输主管部门成立节能减排工作领导小组，加强组织协调，初步构建了上下联动的工作机制。二是省、市交通运输主管部门纷纷明确了承担节能减排职能的处室或科室，例如，河南、山东、江苏、北京、重庆等省（市）由省交通运输厅（市交通委员会）科技处负责，湖北、湖南等省由省交通运输厅运输处负责，河北、内蒙古等省（区）由政法处负责。三是部分省（市）设立了专门的节能减排决策辅助和支撑机构，近年来，北京市交通行业节能减排中心、重庆市交通节能环保技术中心、江苏省交通节能减排工程技术研究中心、云南省公路节能工程技术研究中心、湖南省交通运输节能减排技术研究推广中心等节能环保机构陆续成立。

- 目标管理层面

国务院先后出台了《“十二五”节能减排综合性工作方案》《“十二五”控制温室气体排放工作方案》《强化应对气候变化行动——中国国家自主贡献》，这些文件都明确地强调要在重点领域加大节能降碳工作力度，将总体节能减排目标分解到各省、市、自治区，采取有力措施予以落实。这些指标将作为各省、市、自治区年度考核的约束性指标，也将逐渐对重点行业提出考核要求。

《公路水路交通节能中长期规划纲要》中明确提出了我国交通运输行业2015年和2020年的节能目标。节能减排总体目标和主要指标为：与2005年相比，2015年营运车辆单位运输周转量能耗下降10%，二氧化碳排放下降11%；营运船舶单位运输周转量能耗下降15%，二氧化碳排放下降16%；港口生产单位吞吐量综合能耗下降8%，二氧化碳排放下降10%。2013年6月18日，交通运输部在无锡召开的“绿色循环低碳交通运输体系建设试点示范推进会”上提出，到2020年，与2005年相比，交通运输行业实现营运车辆单位运输周转量能耗、碳排放量分别下降16%和18%，营运船舶单位运输周转量能耗、碳排放量分别下降20%和22%，城市客运单位客运量能耗、碳排放量分别下降26%和30%。各省市、自治区在总目标基础上进行了细分，制定了各自的目标，由此形成了自上而下完整的节能减排目标管理体系，如：2012年1月19日，北京市发改委、北京市质监局和北京市财政局联合印发了《北京市百项节能标准建设实施方案

（2012—2014年）》（京发改〔2012〕37号），其中《公共汽电车合理用能评价方法》《货运车辆能耗限额》《营运货车合理用能指南》等7项北京市地方标准列入了百项节能标准清单，由北京市交通委员会组织编制，目前编制工作已陆续完成；安徽省交通运输厅强化目标责任管理，严格执行节能减排目标责任制和工作问责制，确保了各项工作推进到位，为贯彻《安徽省人民政府关于加强节能工作的实施意见》的精神，出台了《转发关于加快推行合同能源管理促进节能服务产业发展实施意见的通知》；海南省出台了《海南省建设节约型社会近期重点工作方案》《海南省节能减排综合性工作方案》《关于推动海南省太阳能规模化利用实施意见》及《固定资产项目节能评估和审查管理暂行办法的通知》等；其他省、自治区、直辖市也出台了相关政策，如《上海市节能减排工作实施方案》《内蒙古自治区交通运输行业节能减排工作要点》《西藏自治区节能减排综合工作方案》《重庆市公路水路交通节能减排中长期规划》等。

3.主要内容

提升交通运输用能效率。提升运输装备专业化、标准化、大型化水平，加快淘汰老旧、高能耗车船和机械，加快推进内河船型标准化工作，提高交通运输用能设备能效。大力发展甩挂运输、多式联运等高效运输组织方式，推动绿色货运发展，发展智能交通系统，提升交通运输系统运行效率，促进行业节能降碳。推动实施运输装备能效提升重点工程：营运车船燃料消耗量准入与退出工程、节能与新能源车辆示范推广工程、甩挂运输节能减排推广工程、绿色驾驶与维修工程、智能交通节能减排工程、船舶能效管理体系与数据库建设工程、节能减排监管能力工程。

优化交通运输用能结构。优先发展公共交通，推进城市慢行交通系统建设。因地制宜推进新能源、天然气汽车在城市交通和公路客货运输领域的应用。优先使用电能或天然气等作为动力的港口装卸设备和运输装备。加快太阳能、风能等清洁能源在高速公路、港口、客货运场站等基础设施建管养运各阶段的应用。积极配合在交通运输领域建设加气、充换电等配套设施。重点实施“气化交通”战略，大力推广天然气车辆、船舶；加快推进轮胎式集装箱龙门起重机（RTG）等港口装卸机械的“油改电”工作；深入开展铁路电气化改造。高度重视可再生能源的开发和使用，因地制宜地利用风能、太阳能、水能、地热能、海洋能等可再生能源，不断提高港口、民航机场、铁路和公路站场、沿线设施等附属设施中可再生能源的使用比例。开展清洁燃料专项行动，着力提高燃油品质。此外，坚持实事求是、循序渐进、稳步推进，大力支持推广油电、气电等混合动力汽车，同时积极试点应用纯电动、氢燃料电池等新能源车辆，推动新能源动力车的推广使用。在道路运输领域大力推广新能源车辆，因地制宜研发推广第三代生物质燃料；利用港口地区风能、太阳能、水能、地热能、海洋能等可再生能源丰富的优势，提高港口可再生能源使用比例；积极探索风能、太阳能、核能等在运输船舶中的应用；积极研究探索应用生物质燃料替代航空煤油等。

推广应用节能降碳技术。在交通基础设施建设和生产组织中加强绿色照明、机械设备变频控制等低碳技术工艺应用，推广应用温拌沥青、沥青冷再生等低碳铺路技术。探索合同能源管理、碳交易等市场机制在行业内的应用。集中优势资源开展低碳交通重大关键技术攻关，着力突破制约低碳交通运输发展的技术瓶颈，加快低碳科技成果转化与推广。加强先进适用的节能减排技术、产品的研发与推广，尤其是集装箱车辆、大飞机、高铁、电动机车、专业运输船舶、电动汽车、混合动力汽车、燃料电池汽车、高效节能城市轨道交通车辆、无轨电车和有轨电车等大型化、专业化、清洁化的节能环保型运载装备等具有重大带动作用的共性和关键技术的推广应用。加强营运组织智能化。鼓励利用“互联网+”促进交通运输节能降碳。加强现代高新技术应用研究工作，为交通运输现代化提供技术准备。实现区域间客运异地联网售票、区域公交一卡通、区域高速公路 ETC 等，加快构建快速、高效的区域交通系统。交通运行监测网络更加全面、高效，重点营运车辆卫星导航系统入网率达到 100%。交通运输管理和服务的智能化水平显著提升，物联网技术等在交通运输全领域初步建成。

4.实施安排和发展目标

“十三五”期间（2016—2020 年）重点建立节能减排长效机制，推进绿色交通试点示范工程。完善交通能源与排放统计指标体系。推动城市交通能源统计的规范性、公开性和系统性建设。培育低碳交通第三方服务市场。实行节能服务产业负面清单管理，完善节能量审核、节能低碳认证、碳排放核查等第三方机构。建立交通节能减排标准体系。打造“十百千”工程，重点培育建设 10 个低碳省份（城市群）、100 个低碳交通城市以及 1000 个低碳交通示范项目，形成具有示范效应的低碳交通形态。

至 2020 年，实现行业能源和碳排放强度进一步下降。营运车辆、营运船舶单位运输周转量和城市客运单位人次能耗在2015年基础上分别下降6.5%、6%和10%，营运车辆、营运船舶单位运输周转量和城市客运单位人次CO_2排放分别下降8%、7%和12.5%，新能源和清洁能源车辆比例在2015年基础上显著提高。

“十四五”至“十五五”(2020—2030年)期间重点完善节能减排长效机制，推进市场化手段减排。进一步完善节能减排长效机制，建立交通运输行业“领头羊”制度。实现绿色交通示范区域交通碳排放总量率先达峰。推动交通行业融入碳交易等市场机制减排策略。

至2030年，实现能源消耗强度显著下降，资源产出率大幅提高，交通运输CO_2排放在2020年基础上下降7%。新能源和清洁能源车辆比例达到15%左右。

(四)资源节约循环利用

强化资源集约节约与循环利用是交通运输行业实现低碳发展、循环发展的重要方式，是绿色交通发展的重要内容。

1.体系构成

以交通运输行业土地资源、岸线资源、水资源、运输通道线位资源、运输枢纽资源、跨江跨海通道资源等节约集约利用为主要体系，重点从推进资源集约高效利用、加强资源综合循环利用等方面构建绿色交通资源集约利用发展框架。

2.发展基础

新常态下交通建设规模持续扩张，交通资源环境问题日益严峻，交通资源的局限性及生态环境的恶化与经济发展的矛盾不断加剧，实现交通资源节约集约及循环利用是贯彻可持续发展理念、建设生态文明的需要，也是实现交通与生态环境相协调，促进交通绿色发展的需要。“十二五”时期以来，交通运输行业加大资源集约循环利用投入，努力提高资源集约循环利用水平，取得了一些成效，主要包括：

一是积极开展了交通建设材料循环利用技术应用。2012年，交通运输部印发了《关于加快推进路面材料循环利用的指导意见》，并在《交通运输节能减排专项资金申请指南》中，重点对温拌沥青技术和沥青路面冷再生技术应用领域优先支持。此外，交通运输部启动了“温拌沥青技术在寒区公路建设中的推广应用”和“低碳环保技术在农村公路建设中的推广应用”等科技成果推广项目；云南省在养护中使用沥青再生技术，冷再生利用率达到90%，热再生利用率达到30%；湖南省开展就地沥青温拌热再生技术研发应用以及生物酶土壤固化筑路关键技术研究与示范。

二是积极推进资源循环类试点项目，推进资源集约节约利用。“十二五”时期，交通运输部组织实施了16项高速公路服务区清洁能源和水资源循环利用类试点项目；重点开展了水泥面板破碎化再生利用技术等废弃物循环再利用技术的研究与应用，路面材料循环利用率达到40%；全面加强疏浚土综合利用，部分沿海主要港口已实现疏浚土的全部重新利用。

3.主要内容

集约节约利用土地资源。以合理利用土地资源、集约节约利用耕地为重点，落实最严格的耕地保护政策。按照合理布局、经济可行的原则，科学安排建设时序和时机，统筹协调交通建设规划，加强与土地利用总体规划和年度用地计划的衔接，不符合土地利用总体规划和年度计划安排的，必须及时调整和修改，控制用地规模，避免过度超前和低水平重复建设，浪费土地资源。严格审查项目用地，合理确定建设规模、技术标准，公路建设项目设计、施工和建设用地审批必须严格执行用地标准，把节约土地特别是耕地作为方案选择的重要指标之一。优化工程方案，高效利用线位资源，鼓励利用旧路改扩建，因地制宜采取降低路基高度、提高桥隧比例等措施，控制公路基础设施工程用地和取弃土用地，切实提高土地资源综合利用效率。尽量利用荒山、荒地、废弃地，减少占用耕地、林地和经济作物用地，避免大改大调或大填大挖，重视对施工临时用地和取弃土场的恢复。鼓励工程建设中采取改地、造地、复垦等措施，促进占补平衡，依法、科学、合理用地，节约利用土地资源。

节约使用集约利用港口岸线资源。岸线资源特别是深水岸线资源是国家的重要战略资源。坚持统筹规划、远近结合、深水深用、合理开发、有效保护，保障港口岸线资源合理、有序开放利用。严格执行经批准的港口总体布局规划和岸线利用规划，岸线使用必须符合规划要求，进一步做好岸线功能区划。完善港口岸线使用的法规制度，规范行政许可和开放利用行为，保障岸线管理的权威性和有效性。积极研究探索土地和港口岸线资源有偿使用制度，探索和建立岸线资源使用效率的评价考核指标体系，提高岸线资源的综合使用效率。鼓励通过提高等级、改进工艺、更新设备、扩大陆域、完善配套等方式，加强老港区技术改造工作，提高老港区生产能力、技术水平，发展集约化、专业化、现代化港区，提高老港区岸线资源利用效率。

循环利用水资源。加大水资源循环利用技术推广力度，积极开展交通运输领域水资源回收利用；推进港口、公路运输枢纽、高速公路服务区雨水和污水循环利用；加强港口、公路服务区等生产、生活污水综合处理能力，加大中水回用力度。鼓励交通建设企业加入区域资源再生综合交易系统，行业内外协同提升水资源循环利用水平。

综合循环利用材料资源。加大材料资源综合利用和循环利用技术推广力度，积极开展交通运输领域材料资源回收和废弃物综合利用；倡导路面材料等废旧材料再生综合利用和钢材、水泥等主要建材的循环利用；行业内外协同提升资源循环利用水平。实现交通运输资源的少用、用好、循环用。

综合循环利用材料资源的必要性和意义

据测算，我国仅干线公路大中修工程，每年至少产生1.6亿吨沥青路面旧料和3000万吨的水泥路面旧料。然而我国旧路面材料回收利用率约在40%左右，且利用价值低，一般是将面层材料用作基层，高速公路路面材料用于低等级道路等。发达国家沥青路面再生利用率很高，如美国、日本和欧洲一些国家旧路面材料回收利用率接近100%，在热拌沥青混合料中，旧料的添加量可达50%以上。我国交通基础设施资源节约和循环利用潜力和空间巨大。加快推进公路路面材料循环利用工作，对促进公路交通事业可持续发展、节约资源、降低排放及保护环境具有重要意义。

积极发展交通运输循环经济。强化交通运输循环经济发展理念，遵循“减量化、再利用、资源化”原则，积极探索交通运输循环经济实现方式，结合交通运输行业自身特点，制定促进交通运输循环经济发展的专项规划和措施，引导交通建设和运输中资源的综合利用。完善标准规范，进一步推进基础设施勘察设计、施工工艺、模板与材料等方面的标准化，倡导标准化设计、工厂化预制，提高再利用水平。

4.实施安排和发展目标

“十三五”期间(2016—2020年)重点推进资源节约集约利用,加强资源综合循环利用。重点推进土地资源、岸线资源、水资源、运输通道线位资源、运输枢纽资源、跨江跨海通道资源等节约集约利用,加强资源综合循环利用。

至2020年,实现行业资源集约循环利用水平提高,路面材料循环利用率进一步提高,高速公路服务区污水循环利用率达到50%。

“十四五”至“十五五”(2020—2030年),全面提升资源节约集约利用和综合循环利用水平。

至2030年,实现行业资源集约循环利用水平明显提高,路面材料循环利用率明显提高,高速公路服务区污水循环利用率达到60%。

(五)强化污染综合防治

交通运输是环境污染的重要来源,是污染防治的重点领域。强化交通运输领域行业大气、水、土壤、噪声等污染的综合防治,是落实《大气污染防治行动计划》和《水污染防治行动计划》等国家行动计划的重要内容,是绿色交通发展的重要体现。

1.体系构成

以交通运输行业大气、水、土壤、噪声污染防治为主要体系,重点从交通运输行业大气污染防治、交通运输行业水污染防治、交通运输行业污染应急能力提升等方面构建绿色交通污染防治发展框架。

2.发展基础

我国当前面临的环境问题十分严峻,大气和水污染问题严重威胁着人民群众健康和社会稳定发展,营运车辆、船舶、港口的大气污染已成为社会关注的焦点环境问题。对此,党中央、国务院高度重视,2015年开始实施的新《环境保护法》对污染治理提出了更为严格的排放控制要求和责任追究制度,国家已出台了《大气污染防治行动计划》和《水污染防治行动计划》。交通运输行业的机动车船尾气排放、污水排放等防治任务都列入了上述治污行动计划。近年来,尤其是“十二五”以来,交通运输行业在控制污染物排放和提升污染应急能力方面取得了一些成效,主要包括:

一是严格控制了交通基础设施及运输装备污染物排放。全国公路附属设施污水处理设备已达到4000余套，港口污水处理设施超过700套，污水年处理能力超过2亿吨。全国煤炭运输的上下水港、重点矿石运输港口均开展了粉尘污染控制措施，青岛港等部分油品运输重点港口安装了码头油气回收装置。连云港港等港口实施了船舶岸电工程，以减少船舶大气排放。

二是加强了机动车污染防治工作，为机动车排放控制提供支撑。行业在职责范围内不断加强城市交通管理，优化城市功能和布局规划，推广智能交通管理，缓解城市交通拥堵；根据城市发展规划，合理控制机动车保有量，严格限制机动车保有量；加快淘汰黄标车和老旧车辆，大力推广新能源汽车；通过鼓励绿色出行、增加使用成本等措施，降低机动车使用强度。

汽车检测与维护（I/M）制度

目前汽车检测与维护制度（I/M制度）实行效果不理想，全国98%以上简易瞬态工况法检测设备无生产许可证。一些检测机构人员可通过调节检测设备采样管开关、检测设备软件，根据不同指令出具检测结果、人为篡改检测结果等方式，让高污染车不经过维修就能检测合格拿到绿标上路行驶。

三是加强大气污染防治区域协作。为贯彻落实国务院《大气污染防治行动计划》及《大气污染防治行动计划重点工作部门分工方案》相关要求，针对原油成品油码头油气回收推广应用工作，2014年交通运输部成立了专题调研组，对美国、欧盟、韩国等17个国外相关组织和10个国内港口码头进行了调研，针对我国重要的相关政府部门和知名的码头油气回收系统设计单位进行了实地走访和座谈研讨，对国内油品吞吐量较大、现已安装码头油气回收系统的部分港口码头进行了现场考察，全面了解相关单位和部门对油气回收工作的意见建议。在此基础上，交通运输部完成了原油成品油码头油气回收（试点）行动方案，广泛征求相关部门意见，并会同相关单位开展码头油气回收配套政策、规范和技术标准的完善与修订工作。

四是全面加强了溢油应急能力建设。组织编制了《全国重大海上溢油应急能力建设规划》。在沿海地区建设完成国家级溢油应急设备库18个，基本覆盖高风险集中海域。在长江干线投资建设了7个国家级溢油应急设备库和2个溢油应急设备配置点。

3.主要内容

深入开展行业大气污染防治。落实《大气污染防治行动计划》,加强行业大气污染防治工作。继续加强机动车污染防治工作,不断加强城市交通管理,优化城市功能和布局规划,合理控制机动车保有量,缓解城市交通拥堵;推广智能交通管理,大力推广新能源汽车。在国家大气污染联防联控重点区域推进设立船舶大气污染物排放控制区。继续推进近岸低硫燃油转换等船舶大气污染防治技术应用。开展干散货码头粉尘专项治理,全面推进主要港口大型煤炭、矿石码头堆场防风抑尘设施建设和设备配备。推进原油成品油码头油气回收治理。积极推进液化天然气燃料应用,全面落实《交通运输部关于推进水运行业应用液化天然气的指导意见》。大力推动靠港船舶使用岸电,加快港口岸电设备设施建设和船舶受电设施设备改造。严格落实运输装备废气净化装置安装要求,推进营运车辆、作业机械尾气后处理。深入开展绿色汽车维修工程。

深入开展行业水污染防治。落实国务院《水污染防治行动计划》,持续推进船舶结构调整,鼓励节能环保船舶建造和船上污染物储存、处理设备改造。推动船舶含油污水、生活污水、化学品洗舱水等污染物的接收处置设施建设,做好船港之间、港城之间污染物转运处置设施的衔接。进入我国水域的国际航行船舶,按照已加入的国际公约要求安装压载水管理系统。在港口、公路服务区、枢纽场站全面开展污水收集处理,强化生态型污水处理技术的应用,确保达标排放。探索环境污染第三方治理等创新机制在行业内的应用。

深入开展行业土壤污染防治。全面落实国务院《土壤污染防治行动计划》,在公路水路、枢纽场站、铁路、机场建设与运营过程中全面开展行业土壤污染防治。

4.实施安排和发展目标

“十三五”期间(2016—2020年)全面开展交通运输行业污染综合防治。全面开展行业大气污染防治、水污染防治,进一步提升污染应急能力。

至2020年,实现行业污染排放得到有效控制。京津冀、长三角、珠三角等区域船舶SO_2、NO_x和PM排放总量在2015年基础上分别下降65%、20%和30%;行业水污染排放得到明显控制,行业COD排放总量在2015年基础上下降20%;船舶污染物岸上接收处理网络全面建成，国家溢油应急设备库布局完善。

"十四五"至"十五五"时期（2020—2030年）巩固行业污染防治成果，进一步深入开展行业污染综合防治。在巩固行业污染综合防治的基础上，进一步深入开展行业大气污染防治、水污染防治，全面提升污染应急能力。

至2030年，实现行业污染排放得到明显控制。京津冀、长三角、珠三角等区域船舶SO_2、NO_x和PM排放总量在2015年基础上分别下降75%、30%和40%；行业水污染排放得到明显控制，行业COD排放总量在2015年基础上下降30%；船舶污染物岸上接收处理网络全面建成并稳定运行，国家溢油应急设备库布局完善。

（六）加强生态环境保护

生态环境保护是交通基础设施建设的重要任务，加强交通基础设施生态修复工程是建设国家生态景观交通服务体系的重要内容，是绿色交通发展的优先方向。

1.体系构成

以交通基础设施生态保护为主要体系，重点从加强新建交通基础设施生态保护、推广已建基础设施生态修复工程、建设国家生态景观交通服务体系等方面构建绿色交通生态保护发展框架。

2.发展基础

交通基础设施建设生态问题是我国绿色交通发展面临的重要问题之一。虽然交通基础设施生态保护日益受到重视，但早期已建基础设施受当时资金、技术等条件制约，生态保护力度不足、生态恢复效果不明显。"十二五"以来，交通运输行业加强了交通基础设施建设的生态保护力度，取得了一些成效，主要包括：

一是全面开展节能环保试点示范工作。实施了56个交通运输环保试点建设项目，涵盖交通运输监测网络、重大交通基础设施生态建设和保护、高速公路服务区清洁能源与水循环利用等方面。

二是加强交通基础设施建设的生态保护和补偿。开展了一批生态型公路、港口和航道的建设，加大了围填海区域较为集中的环渤海、长三角、珠三角等区域的生态环境保护和恢复力度。组织实施了以边坡、取弃土场修复为主要内容的公路生态修复试点工程 22 个和港口生态修复工程 1 个，修复总里程近 1300 千米，修复总面积超过 5000 万平方米，促进了荒漠区、高寒区、围填海区域交通基础设施生态修复技术的探索和创新。

3.主要内容

加强新建交通基础设施生态保护。在基础设施建设、运营和养护全过程贯彻生态保护理念，坚持生态保护与修复并重，提倡生态选线、生态环保设计。综合应用先进的生态工程技术，严格落实生态保护和水土保持措施，加强植被保护与恢复，推进绿化美化工程建设，提升交通基础设施景观服务品质。推进一批生态友好型公路、港口、航道、枢纽站场等交通基础设施的建设。

继续推进已建基础设施生态修复工程。在“十二五”生态修复试点的基础上，针对早期建设的已建交通基础设施，全面开展生态修复工程。公路方面，重点推进边坡和取弃土场植被恢复、动物通道和湿地生态修复等工程；水运方面，重点推进人工渔礁、过鱼设施、生态护岸等工程。

生态系统保护和修复的必要性和意义

“十二五”以来，我国交通基础设施建设处于高速发展期，但由于生态环保理念、资金和技术等方面尚不完善，我国交通基础设施建设不可避免地对周边自然环境、生态环境、景观环境造成了破坏，水土流失问题严重，对动植物生存产生了恶劣的影响，特别是中西部地区面临着生态脆弱区和国家生态屏障区生态环境保护的双重压力。因此，开展生态保护和修复工程，对我国提升生态系统质量和稳定性具有重要的意义。

4.实施安排和发展目标

“十三五”期间（2016—2020 年）加强新建交通基础设施生态保护，继续推进已建基础设施生态修复工程，重点加强生态脆弱区的公路路域生态保护。针对新建交通基础设施，推进一批生态友好型公路、港口、航道、枢纽站场等交通基础设施的建设；针对早期建设的已建交通基础设施，全面开展生态修复工程。

至 2020 年，实现行业生态保护取得实效，位于生态脆弱区的公路路域生态环境基本得到改善，水运交通基础设施生态修复启动，交通基础设施的景观服务功能得到提升。

“十四五”至“十五五”时期(2020—2030 年)全面深入开展新建交通基础设施生态保护,完善已建基础设施生态修复工程。全面开展公路路域生态保护;继续推进一批生态友好型公路、港口、航道、枢纽站场等交通基础设施的建设。全面提升交通基础设施的景观服务功能。

至 2030 年,实现行业生态保护取得明显成效。公路路域生态环境基本得到改善,水运交通基础设施生态修复取得成效,交通基础设施的景观服务功能得到明显提升。

(七)强化绿色科技创新

以科技创新为引领,加快绿色交通科技创新与技术进步,是实现绿色交通发展的重要支撑。绿色交通发展要注重发挥科技创新的引领作用,着力加强绿色交通科技创新体系建设,大力推进科技的原始创新、集成创新和引进消化吸收再创新,不断增强交通自主创新能力,大力推进科技成果的研发、推广和转化,依靠现代管理技术和信息技术改造和提升传统产业,不断提升基础设施、运输装备的技术水平,提高运输生产的质量和效率,为提升绿色交通发展能力提供强大支撑。

1.发展思路

走科技引领交通绿色发展之路,加快交通科技创新与技术进步,是绿色交通发展的重要支撑。要深入实施“科教兴交”战略,按照“以人为本、需求引导、综合集成、强化创新、重点突破”的基本方针,促进技术结构的优化,不断增强交通自主创新能力,促进交通结构调整和增长方式转变,提高交通发展的质量和效益,实现交通绿色发展。

2.主要内容

加强交通创新能力建设。加快推进交通行业科技创新,根本上要依靠创新能力建设。通过政府引导,充分发挥市场配置资源的基础性作用,推进以市场为导向、以企业为主体、产学研相结合的交通行业科技创新体系建设。加强重点实验室建设,鼓励大型企业建立技术研发中心,引导建立专业特色明显、跨区域的行业研发中心,推进产学研结合。以交通科技信息资源的集成共享和优质服务为目标,以信息保障系统和共享制度体系为基础,加强交通科技信息资源共享平台建设,促进交通科技信息资源集成共享,提供数字化、智能化交通公共科技信息服务。加强科技人才队伍建设,加大对高水平研发人才、高技能人才和高层次管理人才的引进和培养,培育数量充足、结构合理、素质优良、勇于创新的科技人才队伍,形成比较完整的科研梯队,提高交通从业人员素质,推进职业资格制度与从业准入制度建设。开展节能减排、资源节约、环境保护等方面的科普活动,为绿色交通发展提供智力支持和人才保障。

推进行业绿色交通重大关键技术研发。未来绿色交通发展对工程建设、运输安全、节能环保、信息服务等提出了越来越高的技术要求。要按照现代交通业发展的需要,针对全局性、方向性、综合性的关键技术问题,大力推进交通科技自主创新,鼓励原始创新,强化集成创新和引进消化吸收再创新。采取联合攻关、重点突破的方式,加强智能化数字交通管理技术、特殊自然条件下工程建养技术、交通安全保障技术、绿色交通技术、交通决策支持技术等领域重大关键技术的自主研发,促进高新技术在交通领域的应用,强化基础性研究,攻克关键性技术,突破牵动性技术,普及应用型技术。

加强先进适用技术研发应用。大力研发应用资源节约与循环利用技术,鼓励因地制宜、就地取材,选用适宜地方特点的工程材料和结构形式,大力推广沥青和水泥混凝土路面再生利用、废旧橡胶粉应用和疏浚土综合利用等材料节约与循环利用技术。加强运输车船节能减排技术的研发和应用。鼓励使用太阳能、风能、生物质能、燃料电池、醇醚类燃料等清洁能源。大力研发应用生态环境保护技术,重点控制交通建设和运输中可能造成的生态变化、大气污染、水污染和噪声污染,积极研发应用溢油监视、鉴别、处理、生态评价技术和船舶防污染技术。积极研发应用防灾减灾、风险源辨识监控预警等交通安全新技术。大力加强对交通环境保护专项技术的研究、开发与应用。在交通运输部重点科技发展计划中,安排一批资源节约、环境保护重大技术专题,攻克一批节约资源、环境保护关键和共性技术。加快资源节约、环境保护技术支撑平台建设,组建一批部交通运输重点实验室和技术研发中心。有条件的交通设计施工单位、科研院所,要积极开展资源节约、环境保护有关的基础理论和应用的研究;各企业也要根据具体情况,研究有关课题,攻克技术难关。

加快现代信息技术研发应用。大力推进智能交通技术、现代物流技术、现代管理技术、现代信息技术等的开发和应用,改造和提升传统交通产业,拓展新兴交通服务业，提高运输组织的效率，降低能源消耗，促进节能减排。加强交通决策支持技术研究，有效支撑交通发展战略规划、政策法规、体制机制的制定和形成。大力推进行业信息化建设，鼓励交通企业利用现代信息技术提升企业核心竞争力。综合开发利用行业信息资源，建立资源共享的政府公共信息服务平台和管理信息平台，完善公众出行信息服务平台，建立物流信息服务网络，为公众出行和货物运输提供及时、准确、高效的交通信息。建立全国道路运输车辆、营运驾驶员和经营业户数据库，加快交通电子口岸共享信息平台建设，加强行业信用信息系统建设，研发应用营运车辆卫星监控和实时跟踪系统，逐步形成现代交通信息网络。

强化科技成果转化和推广应用。高度重视应用型技术的创新，积极采用新技术、新材料、新工艺、新装备，鼓励使用创新成果，建立和完善科技成果推广应用的有效机制，促进科研成果的产业化发展。大力实施科技成果推广示范工程，加快资源节约、环境保护、节能减排等技术的示范和推广，通过培训使从业人员掌握节约资源、保护环境的新技术、新方法，实施一批交通行业共性、关键技术产业化示范项目和专项行动计划，推广一批潜力大、应用面广的重大技术。组织实施理念创新、技术创新、政策创新和体制机制创新的资源节约型、环境友好型交通示范工程，在规划设计施工新理念、节能减排、节约集约利用土地和岸线资源、资源综合利用和交通循环经济发展、生态环境保护、促进交通与自然和谐等方面，树立典范并予以大力推广，以点带面促进资源节约型、环境友好型交通发展。近期要积极策划和建设一批技术先进、具有较强示范作用的示范工程。继续做好港口节能(节电)改造、江海直达节能、环保型示范散货船开发等示范工程项目的推广工作。加快综合运输枢纽站场建设示范工程试点工作城市的选择，推动综合运输枢纽的建设。鼓励把先进、适用的科技成果及时纳入标准规范，或通过发布技术指南的方式予以应用。鼓励政府采购优先购买我国自主创新的产品或服务，大力推行节能采购，发挥节能新产品、新技术的市场孵化和示范带动作用。

3.发展目标

到2030年，绿色交通科技创新能力显著增强，行业绿色交通重大关键技术研发取得重大进展，绿色交通科技成果转化和推广应用水平全面提升。

（八）提升绿色治理能力

绿色交通发展的核心是实现绿色交通治理体系和治理能力现代化。绿色交通治理体系是绿色交通发展的基础。绿色交通治理能力是绿色交通在重点领域管理过程中制订相关措施、实现绿色交通发展战略目标的根本保障。因此，大力提升绿色交通治理能力是实现绿色交通治理实效的关键，是实现绿色交通发展的根本途径。

1.绿色交通治理体系建设

绿色交通治理体系可以理解为促进绿色交通发展的一套制度安排，治理体系要突出总体性，即以一种整体治理视角思考和理解绿色交通治理的基本要素以及这些要素之间的内在关系。因此，绿色交通治理体系建设不仅应当针对中国的交通运输节能减排和环境保护现状，而且要面向未来的经济社会和交通运输发展；不仅要体现治理体系的内在系统性，而且要反映交通运输绿色发展的基本规律。因此，治理体系的构建及其制度安排的选取应当规范合理。

①绿色交通治理体系的选取方法

从绿色交通治理体系组成来分，包括四个体系：一是治理的规划和决策体系，它是最重要的体系，决定了绿色交通发展的方向和目标，以及节能降碳、环境保护和生态治理所包含的基本内容和实现途径的选择；二是治理的支持体系，包括法律法规、标准体系、激励制度等，这些制度和标准体系建设为绿色交通治理体系提供了支撑和保障；三是治理的评估体系，通过各种途径，实现对绿色交通治理状况的考察评价，是治理状况的晴雨表，一定程度上会对治理方向和路径选择产生影响，促进绿色交通发展；四是治理的监管体系，加强部门之间、各层级之间监管，促进绿色交通发展。

从绿色交通治理体系的制度安排来分，包括三个层次。第一层次是治理体系目标层，加强顶层设计，统筹谋划绿色交通发展战略，以我国的节能降碳和环境保护现状为基础，以生态文明体制改革的目标为目标，即到 2020 年，构建起包括资源总量管理和全面节约制度、资源有偿使用和生态补偿制度、环境治理体系、环境治理和生态保护市场体系、生态文明绩效评价考核和责任追究制度等构成的生态文明制度体系，选取必要的政策。目标层包括建设绿色交通战略体系、绿色交通支持体系、绿色交通评估体系和绿色交通监管体系。治理体系的第二层次以低碳消费和环境保护为中心，以促进交通运输绿色发展的直接相关和间接相关制度建设作为着力点，加强体制创新，摒弃落后制度，破除制度障碍，完善制度体系，从而为绿色交通治理体系建设提供全局性、稳定性和长期性的制度保障。第三层次是以过程法和结构法为线索，分别出台绿色交通的基础制度。

②绿色交通治理体系的内容

根据治理体系的选取方法，绿色交通治理体系框架见图 3-2。

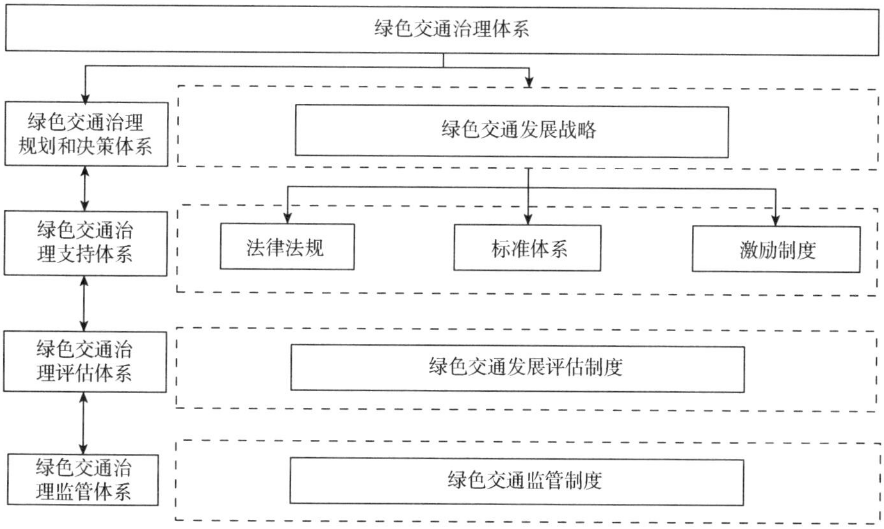

图 3-2 绿色交通治理体系框架图

根据绿色交通治理体系框架图，绿色交通的主要制度见表 3-1。

绿色交通治理体系包含的主要制度内容 表 3-1

主 要 制 度	子制度内容
1.战略规划	绿色交通发展战略 绿色交通发展规划
2.法律法规	交通运输节约能源条例 交通运输节能减排与应对气候变化管理办法 交通运输环境保护项目管理办法 交通运输能源消费总量管理和节约制度 交通运输行业重点用能单位节能管理制度 交通运输行业节能低碳产品和技术装备推广制度 交通运输行业碳排放总量控制制度 交通运输企业温室气体排放清单编报制度 交通运输行业碳排放交易制度

续上表

主要制度	子制度内容
2.法律法规	交通运输资源节约集约利用制度 交通运输资源循环利用制度 交通运输生态补偿制度
3.标准体系	绿色交通标准体系建设
4.激励制度	绿色交通财政补贴制度 绿色交通企业税收减免激励制度 交通运输绿色信贷制度 绿色交通发展基金制度 绿色交通科技创新制度 绿色交通技术推广制度
5.评估制度	绿色交通评价制度 绿色交通影响评估制度
6.监管制度	绿色交通环境统计制度 绿色交通目标责任制度 交通运输环境信息公开制度

- 战略规划

研究制定2020年、2030年和2050年绿色交通发展的总体思路、战略目标、重点任务和路线图;探索建立绿色交通运输目标分解及责任考核制度、交通运输重点企业温室气体报告制度,对标国际应对气候变化行动方案和国际谈判;制订绿色交通发展五年规划和中长期发展规划。

- 法律法规

交通运输节约能源条例。明确交通运输行业节能的基本方针、基本原则、基本政策,建立完善的管理体制、法律制度、保障机制、法律责任。主要包括规划制度、政府责任制度、能耗总量管理制度以及信息公开等制度。

交通运输能源消费总量管理和节约制度。坚持节约优先,强化交通运输行业能耗强度控制,进一步完善交通运输行业能源统计制度,健全重点用能单位节能管理制度。完善节能标准体系,及时更新交通运输用能产品能效等标准。合理确定交通运输能源消费总量目标,并分解落实到子行业和重点用能单位。健全交通运输节能低碳产品和技术装备推广机制,定期发布技术目录。强化节能评估审查和节能监察。加强清洁能源和新能源在交通运输中的推广应用。

交通运输行业重点用能单位节能管理制度。根据《重点用能单位节能管理办法》，制定交通运输行业重点用能单位节能管理制度，包括重点用能单位能耗的阈值、监督管理、节能管理和奖惩等。

交通运输行业节能低碳产品和技术装备推广制度。主要包括交通运输行业重点节能低碳技术申报、遴选、评定、推广、培训，推广节能环保效果显著、技术先进、经济适用、有成功实施案例的技术。

交通运输行业碳排放总量控制制度。根据国家应对气候变化总体安排，按照国家层面碳排放总量控制的目标和要求，对交通运输行业进行碳排放总量控制，建立各个子行业碳排放总量目标分解制度，研究制定相关政策，推进交通运输行业参与国内碳交易制度。

交通运输企业温室气体排放清单编报制度。主要包括温室气体排放核算方法和核算报告。核算方法要明确交通运输行业温室气体排放的核算边界、数据来源、直接排放量和间接排放量核算，确定各种运输方式的排放因子。核算报告要明确温室气体排放清单核算的具体领域和排放源，收集温室气体排放活动数据，选择合适的排放因子，明确数据监测和数据控制的相关工作，编制温室气体排放报告。

交通运输行业碳排放交易制度。交通运输行业碳交易是主管部门通过总量控制，向企业发放碳排放权配额，规定企业的二氧化碳排放上限额度，要求企业对其温室气体排放实行总量管理和减排，对超出配额的排放设立罚则。本制度主要包括企业类型、排放阈值、配额分配方法、温室气体排放核算、注册交易、监督管理等。

交通运输资源节约集约利用制度。统筹规划交通线位廊道、枢纽节点和港口岸线，实现交通基础设施对土地、岸线和水域等资源的集约节约利用。打造绿色交通基础设施体系，在规划、设计、建设、运营维护、管理各阶段充分考虑对资源的集约节约利用。严格项目用地审查和用地标准，优化工程建设方案，高效利用线位资源。

交通运输资源循环利用制度。加快制定交通运输资源分类回收利用标准。建立交通运输资源再生产品和原料推广使用制度，相关原材料消耗企业要使用一定比例的资源再生产品。落实并完善资源综合利用和促进循环经济发展的税收政策。制定交通运输行业循环经济技术目录。

交通运输生态补偿制度。探索建立交通建设工程多元化的生态补偿与修复机制，探索建立交通运输生态保护成效与资金分配挂钩的激励约束机制。鼓励各地区开展交通建设工程生态补偿试点。减缓交通建设工程对区域生态系统的干扰，增强交通行业的可持续发展能力。

- 标准体系建设

绿色交通标准体系建设是绿色交通治理体系的重要组成部分。随着节能环保重要性的突显，标准在绿色交通发展中所发挥的作用日益显现，绿色交通标准体系建设尤为重要。目前，我国交通运输行业正在逐渐建立绿色交通标准体系，各专业领域都制定及修订了相关的国家标准和行业标准。这些标准在各专业领域得到了贯彻实施，充分发挥了标准对交通运输行业绿色发展的约束引导作用，强化了政府监督管理作用。绿色交通标准体系的不断完善，为交通运输绿色发展工作逐步走上科学化、法制化、规范化提供了有力的制度保障。

绿色交通标准体系建设存在的问题

"十二五"期间，交通运输部积极开展了绿色公路、绿色港口示范建设，但是尚未形成在公路、港口建设可全面推广的标准。存在绿色交通新技术新工艺推广应用无标准可依的情况，难以从建管养运等各领域规范引领绿色交通发展。

标准体系的选取方法。绿色交通标准体系将现行、正在制定的和需要制定的绿色交通标准按标准的适用范围归类，划分为三个层次，第一层次为绿色交通通用标准，第二层次为绿色交通专业领域通用标准，第三层次为绿色交通专业领域门类标准。

第一层次为行业通用标准，是在绿色交通领域具有广泛的适用范围或通用条款的标准。包括绿色交通术语与符号、分类与编码等基础性标准、节能减排技术通则、导则等。

第二层次为专业通用标准，是指在本专业领域内具有通用性、可指导本专业绿色交通工作的标准。包括基础设施建管养运、道路运输、水路运输 3 个专业领域。

第三层次为门类标准，是某专业领域内涉及的分门类标准。其中，基础设施建管养运专业领域中有公路工程建设与养护、公路运营、路桥施工设备、港航工程与维护、港航施工船舶与设备 5 个门类;道路运输专业领域中有道路货物运输、道路旅客运输、城市客运、汽车维修与驾培 4 个门类;水路运输专业领域中有船舶运输、港口生产 2 个门类。

绿色交通标准体系内容。根据标准体系的选取方法,绿色交通标准体系内容见图 3-3。

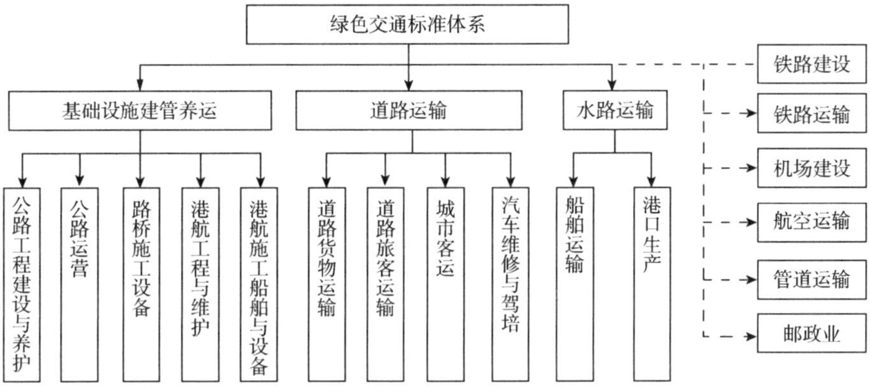

图 3-3 绿色交通标准体系图

根据上图,绿色交通标准体系见表 3-2。

绿色交通标准体系内容 表 3-2

体系范围	分体系名称	体系明细
1.通用标准	通用标准	交通运输行业碳排放核算与报告指南
		绿色交通规划编制指南
		绿色交通评价指南
		交通运输能耗监测平台技术标准
		交通运输耗能产品能效评定方法
2.基础设施建管养运	公路工程建设与养护	公路建设项目施工期能源消耗及 CO_2 排放统计及分析方法
		公路建设项目碳汇核算方法
		公路工程节能设计规范
	公路运营	公路 ETC 项目碳排放计算方法
		公路服务区污水处理设施能效限定值及评价标准
	路桥施工设备	路桥施工设备能源计量器具配备和管理要求
		路面再生机械能效限定值及能效等级

续上表

体系范围	分体系名称	体系明细
2.基础设施建管养运	路桥施工设备	桥梁施工设备能效限定值及能效等级
		隧道施工设备能效限定值及能效等级
	港航工程与维护	
	港航施工船舶与设备	
3.道路运输	道路货物运输	道路货运车辆能源计量器具配备和管理要求
		燃油营运货车能效和二氧化碳排放等级及测量、计算方法
		电动营运货车能效等级及测量方法
		电动混合动力营运货车能效和二氧化碳排放等级及测量、计算方法
		燃气营运货车能效和二氧化碳排放等级及测量、计算方法
		燃气混合动力营运货车能效和二氧化碳排放等级及测量、计算方法
		道路客运车辆能源计量器具配备和管理要求
		燃油营运客车能效和二氧化碳排放等级及测量、计算方法
		电动营运客车能效等级测量方法
		电动混合动力营运客车能效和二氧化碳排放等级及测量、计算方法
		燃气营运客车能效和二氧化碳排放等级及测量、计算方法
		燃气混合动力营运客车能效和二氧化碳排放等级及测量计算方法
	城市客运	快速公交(BRT)项目碳排放计算方法
		公共自行车项目碳交易碳排放计算方法
		城市客运用能单位能源计量器具配备和管理要求
		城市轨道交通线路运行用能统计和节能减排评价方法
		城市无轨电车线路运行用能统计和节能减排评价方法
		城市有轨电车线路运行用能统计和节能减排评价方法
		燃油营运公共汽车能效和二氧化碳排放强度等级及测量、计算方法
		电动营运公共汽车能效及测量、计算方法

续上表

体系范围	分体系名称	体系明细
3.道路运输	城市客运	电动混合动力营运公共汽车能效和二氧化碳排放强度等级及测量、计算方法
		燃气营运公共汽车能效和二氧化碳排放强度等级及测量、计算方法
		燃气混合动力营运公共汽车能效和二氧化碳排放强度等级及测量、计算方法
		燃油营运出租车能效和二氧化碳排放强度等级及测量、计算方法
		电动营运出租车能效及测量、计算方法
		电动混合动力营运出租车能效和二氧化碳排放强度等级及测量、计算方法
		燃气营运出租车能效和二氧化碳排放强度等级及测量、计算方法
	汽车维修与驾培	燃气混合动力营运出租车能效和二氧化碳排放强度等级及测量、计算方法
		汽车喷烤漆房节能量计算方法
		汽车维修节能评价规则
4.水路运输	船舶运输	内河船舶柴油机动力装置能量平衡实船测试方法
		船用氢燃料电池节能减排指标评定方法
		船舶节能操作规范
	港口生产	港口用能单位能源计量器具配备和管理要求
		港口流动装卸设备能源利用效率检测方法
		港口固定装卸设备能源利用效率检测方法
		码头油气回收设施节能评价导则

- 激励制度

绿色交通财政补贴制度。绿色交通的发展不仅要考虑经济效益，更要考虑社会效益。政府必须建立相应的补贴机制，对企业的政策性亏损进行补贴，从而既确保企业公共目标的实现，同时又能激励企业提高运营管理效率，实现绿色发展。政府应设立专项资金，对绿色交通项目、公交项目等进行补贴。

绿色交通企业税收减免激励制度。积极推动碳税、燃油消费税等绿色财税制度改革,实施差异化的车船使用税、通行费等政策,探索制定拥挤收费等政策。对纳入营改增改革试点、节能减排绩效突出的交通运输企业,给予税收抵扣优惠。

交通运输绿色信贷制度。绿色信贷是指商业银行和政策性银行等金融机构依据国家的环境经济政策和产业政策,对研发、生产治污设施,从事生态保护与建设,开发、利用新能源,从事循环经济生产、绿色制造和生态农业的企业或机构提供贷款扶持并实施优惠性的低利率,而对污染生产和污染企业的新建项目投资贷款和流动资金进行贷款额度限制并实施惩罚性高利率的政策手段。交通运输行业可以根据项目的类型申请绿色信贷,获得贷款和较低利率,为交通企业绿色发展争取资金。

绿色交通发展基金制度。绿色基金是指专门针对节能减排战略、低碳经济发展、环境优化改造项目而建立的专项投资基金,旨在通过资本投入促进节能减排事业发展。交通运输行业可以建立交通运输绿色产业基金,发挥产业基金引领作用,支持企业研发创新关键技术,推动绿色交通产业链的发展。

绿色交通科技创新制度。建立绿色交通科技创新制度,积极支持重点方向科研能力建设,支持相关科研院所提升交通运输节能环保科研条件。加大科技研发力度,重点开展生态保护与修复技术、大气污染控制政策与技术、低碳交通政策与技术、环境监测技术体系等方面的专题研究,提高绿色交通的创新能力。

绿色交通技术引进推广制度。本制度包括技术引进和技术推广。技术引进主要是有计划、有重点、有选择地输入外国绿色交通先进科学技术成果。技术推广主要是重点推广绿色交通先进适用技术,加快推进低碳交通技术产业化发展,在交通领域组织开展低碳技术创新和产业化示范工程。健全相关支撑机制。形成低碳交通技术遴选、示范和推广的动态管理机制。

- 评估制度

绿色交通影响评估制度。主要包括"环评""能评"和"碳评"。"环评"是指对规划和建设项目实施后可能造成的环境影响进行分析、预测和评估,提出预防或者减轻不良环境影响的对策和措施,进行跟踪监测的方法与制度。“能评”是固定资产投资项目节能评估和审查的简称，是指根据节能法规、标准，对各级人民政府发展改革部门管理的在我国境内建设的固定资产投资项目的能源利用是否科学合理进行分析评估，并编制节能评估文件或填写节能登记表；对项目节能评估文件进行审查并形成审查意见，或对节能登记表进行登记备案，将审查意见或节能登记表作为项目审批、核准或开工建设的前置性条件以及项目设计、施工和竣工验收的重要依据。“碳评”指在项目建设前，对项目的规模、布局、选址、设计和建成投产使用后，所引起的温室气体排放量变化和可能的不良影响，进行调查、核算和评定，提出防治措施，并按照法定程序进行报批的制度。

绿色交通评价制度。主要内容包括以区域、企业、工程和技术等层面为对象，通过开展绿色交通评价，评估绿色交通区域、绿色交通工程、绿色交通技术和绿色交通企业的开展情况，提升绿色交通的影响力、实际成效和导向作用。

- 监管制度等

绿色交通环境统计制度。主要包括能耗和环保两个层面，在现有能耗统计内容的基础上，根据存在问题和绿色交通发展的需求，完善相关统计制度内容。包括统计指标的覆盖范围、指标类型等。

绿色交通目标责任制度。建立以约束为主、以激励政策相配套的制度。包括绿色交通规划目标责任制度和绿色交通目标责任制度。绿色交通规划目标责任制度主要面向政府部门，要求部、省、市等绿色交通主管部门和相关部门定期制定绿色交通规划，并进行落实。绿色交通目标责任制度主要面向政府部门和企业，要求企业完成下达的绿色交通发展任务，企业把任务层层分解落实到每个绿色交通目标责任制度。能源资源消耗点应抓好各项措施，落实责任人，加强对绿色交通各项措施实施情况、任务完成情况的督促检查。

交通运输环境信息公开制度。全面推进交通运输大气、水、土地岸线等环境信息公开、排污单位环境信息公开、监管部门环境信息公开，健全交通运输建设项目环境影响评价信息公开机制。

2.绿色交通治理能力建设

绿色交通治理体系是绿色交通发展的基础，而绿色交通治理能力则是在节能降碳、污染防治、资源集约与节约等管理过程中制定相关措施，实现绿色交通发展战略目标。加强绿色交通治理能力建设是实现治理实效的关键。绿色交通治理能力分为三部分:绿色交通监管能力、服务能力和应急能力。

①绿色交通监管能力建设

- 统计监测体系建设

一是建立健全与绿色交通评价考核工作相适应的统计监测体系。运用信息化手段进一步加强行业节能环保统计、监测业务能力建设,提高数据来源可靠性和可信度,强化监测指标的调查、分析和发布工作。在现有的统计监测考核制度设计的基础上,加强人员培训,畅通数据采集渠道,公正客观地判断绿色交通工作成效。建立交通运输领域环境监测网、交通运输行业能耗统计监测平台,包括公路客货运输、城市客运、水路运输、港口、铁路、民航等领域能耗和环境在线监测、统计与评价系统建设,制定《交通运输行业控制温室气体排放工作考核办法》。全面落实《交通运输行业节能减排工作考核办法》,切实将节能环保工作纳入各级交通运输部门的职责和日常管理、工作考核之中。通过科学的统计监测和严格的考核奖惩机制,促进绿色交通工作常态化、制度化。

二是健全交通运输行业温室气体统计核算体系。建立健全行业温室气体排放基础统计制度,将交通运输温室气体排放基础统计指标纳入政府和行业统计指标体系,建立健全涵盖公路、水运、铁路、民航、管道、城市客运、社会车辆等领域、适应温室气体排放核算要求的基础统计体系。根据温室气体排放统计需要,扩大能源统计调查范围,细化能源统计品种和指标分类。行业重点用能单位和排放单位要健全能源消费和温室气体排放原始记录和统计台账。实行重点企业温室气体排放数据报告制度。完善温室气体排放计量体系,加强排放因子测算和数据质量监测,确保数据真实准确。

三是加强温室气体排放核算工作。尽快制定发布省级、城市交通运输行业温室气体清单编制指南,规范清单编制方法和数据来源。制定重点交通运输企业温室气体排放核算与报告指南。研究建立全国交通运输行业温室气体排放数据信息系统。定期编制国家和省级交通运输行业温室气体清单。加强对各地区、各领域交通运输温室气体排放核算工作的统筹指导,做好年度核算工作。构建国家、地方、企业三级交通运输温室气体排放基础统计和核算工作体系。鼓励和指导地方交通运输主管部门和交通运输企业探索建立温室气体排放核算系统。

• 绿色交通监管网络建设

一是加快完善绿色交通监管网络。加强各级交通运输主管部门节能减排与应对气候变化机构和能力建设，完善工作机制，建立交通运输行业生态文明建设专家咨询机构，积极发挥其决策智囊的作用。适应绿色交通运输发展新形势，着力转变职能、理顺关系、提高效能，尽快建立健全权责明确、决策科学、执行顺畅、运转高效、监督有力的绿色交通监管体制，形成以交通运输主管部门为主导、企业为主体、全行业齐抓共管的工作格局。积极协调有关政府部门，强化部门间合作，形成绿色交通监管合力。

二是加强绿色交通监管队伍建设。着力提升各级交通运输部门监管能力，切实加大交通运输节能减排工作的监督检查力度。加快推进交通运输行业能源监测体系建设，充分发挥交通运输行业各级节能环保监测机构作用，在已有的行业能源监测（技术服务）体系的基础上，调整布局，增设站点，进一步完善网络，着力提升监管能力。鼓励重点企业设置节能环保专职机构，配备专职人员，逐步形成权责明确、协调顺畅、运行高效、保障有力的绿色交通监管网络。

②绿色交通服务能力建设

• 绿色交通科研机构和人才队伍建设

一是建立绿色交通科研机构。加强绿色交通技术研发及战略政策研究基地建设，建立绿色交通科研机构，健全长期研究支撑机制，加强绿色交通科研项目的财政支持力度。建立与国际组织、国外政府机构、交通运输企业、研究咨询机构等交流、培训等合作机制，搭建与国际先进科研力量的技术和管理经验交流平台，鼓励我国绿色交通领域科学家和研究人员参与国际研究计划。加强绿色交通学科建设，加强绿色交通技术研发及战略政策研究基地建设，健全长期研究支撑机制，加强绿色交通科研项目的财政支持力度。

二是加强人才队伍建设。研究制定绿色交通人才体系建设方案，建立规范化、制度化的绿色交通人才培养、技能认定机制，完善相关配套政策，以高层次人才、高技能人才发展和紧缺人才引进培训为重点，统筹推进交通运输行业节能环保管理人才、专业技术人才、技能型人才等各类人才队伍建设。积极培养、引入与交通运输行业绿色发展密切相关的科技力量和人才，重点加强绿色交通战略与政策、统计核算、新闻宣传、国际谈判等领域专家的培养，逐步建立一支数量充足、结构合理、业务精湛、实践经验丰富的专业化人才队伍。建立和完善绿色交通人才培养激励机制，重视人才的专业优势和工作效能。实施绿色交通科普行动计划与从业人员素质提升工程，开展形式多样、内容丰富的专项培训、技术和经验交流，将绿色交通知识纳入职业教育和培训体系，全面提高从业人员的绿色素质、管理能力、业务水平和操作技能，为绿色交通运输发展提供坚实的人才保障和智力支持。

- 绿色交通服务体系建设

一是积极培育交通运输节能环保技术服务市场。健全绿色交通相关支撑和服务机构。加快发展绿色交通服务产业，积极培育交通运输节能环保技术服务市场。促进交通运输节能环保技术服务机构转换机制、创新模式和拓宽领域，组织开展节能环保技术交流推广、咨询服务、信息发布、宣传培训等活动，多渠道、多形式推广节能低碳技术与产品。充分发挥交通科研机构和行业学会协会等在行业绿色交通规划、技术政策与标准规范的制定和实施、绿色交通技术推广、能源消耗统计、绿色宣传培训和信息咨询等方面的积极作用。加强社会中介组织的功能建设，大力发展市场中介组织，鼓励绿色交通资质管理和培训机构、金融、检测、评级、核查、技术成果转化等专业服务机构发展，规范中介服务市场秩序。建立交通运输行业节能环保技术研发与示范中心，传播先进的绿色交通技术和管理经验，发布国内外交通运输能耗和能效信息，推进能效检测体系和节能减排先进技术研发创新平台建设。

二是加强绿色交通文化体系建设。将绿色交通宣传纳入重大主题宣传活动，每年制定绿色交通宣传方案，多渠道、多方式宣传交通运输节能减排方针、政策、法律及法规，充分发挥舆论引导和监督作用。加快推进绿色交通省区、绿色交通城市、绿色公路、绿色港口、绿色航道、绿色场站、绿色物流园区等技术交流推广科普展示平台，分领域、分主题精心筛选一批典型先进适用节能减排技术原理、工程应用和管理实践经验进行集中陈列展示，为用户和参观者提供绿色理念概念、技术应用、工程设计、工程实施、运营监控等全方位的视觉听觉感觉体验；

扩大科普对象，组织青少年开展参观活动，拓展展示平台功能，充分发挥其交流传播、科学普及、宣传推广和示范引领作用。

③绿色交通应急能力建设

通过环境监测网和统计监测体系建设，对交通运输重点污染源、排放源实现全面监控，有效掌控各类环境隐患。指导重点地区、重点企业和重点单位，完善环境突发事件处置应急预案，明确应急分工和处置程序，组织人员参加应急培训，开展应急演练，提高对突发环境事件的应急处置能力。

3.实施安排

“十三五”期间（2016—2020年）重点建立绿色交通制度和标准体系，加强绿色交通监测能力建设。建立健全绿色交通发展目标责任制度和评价示范制度。继续完善交通固定资产投资项目节能评估制度、交通规划和工程建设项目环境影响评价制度、绿色交通环境监测统计建设制度。研究建立交通运输企业温室气体排放清单编报制度和交通运输行业重点用能单位节能管理制度。

“十四五”至“十五五”期间（2020—2030年）重点完善绿色交通市场机制，加强交通运输治理能力建设。建立交通运输能源消费总量管理和节约制度。进一步完善交通运输行业绿色发展长效机制，建立交通运输行业碳排放总量控制制度，推进行业碳排放交易制度，加强绿色交通财政、税收、金融制度的研究制定，推进“三评”合一的影响评价制度，加强绿色交通科技创新能力、服务能力和应急能力建设，全面推进绿色交通发展。

三、绿色交通发展框架解释说明

（一）绿色交通发展框架图

以节能降碳、资源节约循环利用、污染防治、生态保护为主要领域，以优化交通运输结构、提高发展质量效率、强化绿色科技创新、提升绿色治理能力为主要途径，构建面向2030年的中国绿色交通发展框架。中国绿色交通发展框架体系框架图见图3-4。

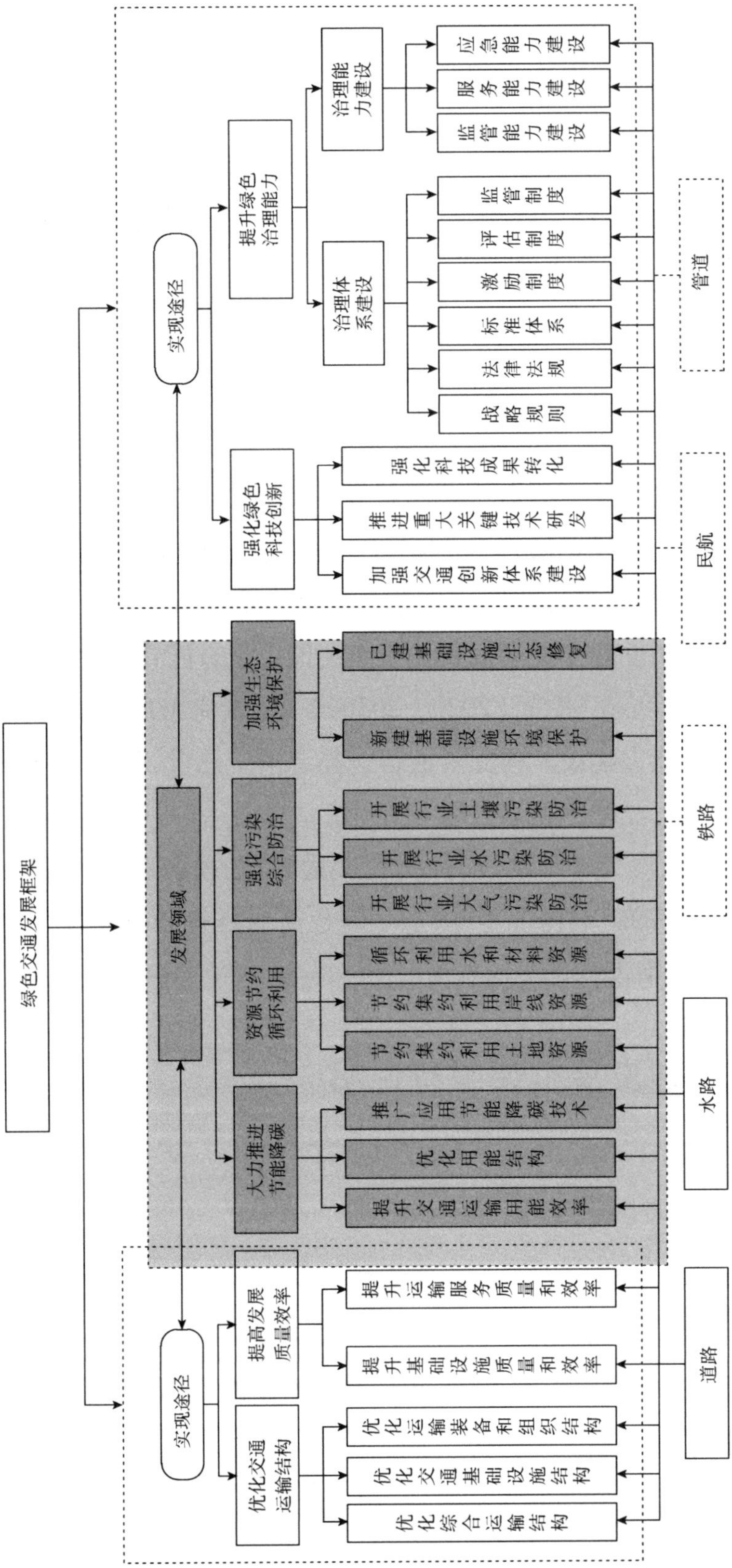

图3-4 中国绿色交通发展框架图

(二)绿色交通发展框架解释说明

绿色交通发展框架解释说明见表3-3。

绿色交通发展框架解释说明 表3-3

层次	分类名称	主要内容	内容解释说明
发展领域	大力推进节能降碳	提升交通运输用能效率	提升运输装备专业化、标准化、大型化水平，加快淘汰老旧、高能耗车船和机械，加快推进内河船型标准化工作，提高交通运输用能设备能效。大力发展甩挂运输、多式联运等高效运输组织方式，推动绿色货运发展。推动实施营运车船燃料消耗量准入与退出等运输装备能效提升重点工程
		优化交通运输用能结构	积极实施交通用能结构转变战略。因地制宜推进新能源、天然气汽车在城市交通和公路客货运输领域的应用。大力推广天然气船舶应用。鼓励公路施工中应用天然气拌和楼等清洁型装备。积极配合在交通运输领域建设加气、充换电等配套设施。优先使用电能或天然气等为动力的港口装卸设备和运输装备。鼓励在交通基础设施的运营管理中利用风能、太阳能、水能、地热能等可再生能源
		推广应用节能降碳技术	在交通基础设施建设和生产组织中加强绿色照明、机械设备变频控制等低碳技术工艺应用，推广应用温拌沥青、沥青冷再生等低碳铺路技术。探索合同能源管理、碳交易等市场机制在行业内的应用。集中优势资源开展低碳交通重大关键技术攻关，着力突破制约低碳交通运输发展的技术瓶颈，加快低碳科技成果转化与推广。加强先进适用的节能减排技术、产品的研发与推广。加强营运组织智能化。鼓励利用“互联网+”促进交通运输节能降碳。加强现代高新技术应用研究工作，为交通运输现代化提供技术准备

续上表

层次	分类名称	主要内容	内容解释说明
发展领域	强化污染综合防治	深入开展行业大气污染防治	落实《大气污染防治行动计划》,加强行业大气污染防治工作。继续加强机动车污染防治工作,不断加强城市交通管理,优化城市功能和布局规划,合理控制机动车保有量,缓解城市交通拥堵;推广智能交通管理,大力推广新能源汽车。在国家大气污染联防联控重点区域推进设立船舶大气污染物排放控制区。继续推进近岸低硫燃油转换等船舶大气污染防治技术应用。开展干散货码头粉尘专项治理,全面推进主要港口大型煤炭、矿石码头堆场防风抑尘设施建设和设备配备。推进原油成品油码头油气回收治理。积极推进液化天然气燃料应用,全面落实《交通运输部关于推进水运行业应用液化天然气的指导意见》。大力推动靠港船舶使用岸电,加快港口岸电设备设施建设和船舶受电设施设备改造。严格落实运输装备废气净化装置安装要求,推进营运车辆、作业机械尾气后处理。深入开展绿色汽车维修工程
		深入开展行业水污染防治	落实《水污染防治行动计划》,持续推进船舶结构调整,鼓励节能环保船舶建造和船上污染物储存、处理设备改造。推动船舶含油污水、生活污水、化学品洗舱水等污染物的接收处置设施建设,做好船港之间、港城之间污染物转运处置设施的衔接。进入我国水域的国际航行船舶,按照已加入的国际公约要求安装压载水管理系统。在港口、公路服务区、枢纽场站全面开展污水收集处理,强化生态型污水处理技术的应用,确保达标排放。探索环境污染第三方治理等创新机制在行业内的应用

续上表

层次	分类名称	主要内容	内容解释说明
发展领域	强化污染综合防治	深入开展行业土壤污染防治	落实即将出台的《土壤污染防治行动计划》,在公路水路、枢纽场站、铁路、机场建设与运营过程中全面开展行业土壤污染防治
	加强生态环境保护	加强新建交通基础设施生态保护	在基础设施建设、运营和养护全过程贯彻生态保护理念,坚持生态保护与修复并重,提倡生态选线、生态环保设计。综合应用先进的生态工程技术,严格落实生态保护和水土保持措施,加强植被保护与恢复,推进绿化美化工程建设,提升交通基础设施景观服务品质。推进一批生态友好型公路、港口、航道、枢纽站场等交通基础设施的建设
		继续推进已建基础设施生态修复工程	在"十二五"生态修复试点的基础上,针对早期建设的已建交通基础设施,全面开展生态修复工程。公路方面,重点推进边坡和取弃土场植被恢复、动物通道和湿地生态修复等工程;水运方面,重点推进人工渔礁、过鱼设施、生态护岸等工程
	资源节约循环利用	节约集约利用土地资源	以合理利用土地资源、集约节约利用耕地为重点,落实最严格的耕地保护政策。着力提高土地资源利用效率,大力推行适应节约土地要求的交通运输工程技术,提高公路、水路、铁路、机场建设用地效率;因地制宜采取有效措施减少耕地占用,避让基本农田保护区
		节约使用集约利用港口岸线资源	坚持统筹规划、远近结合、深水深用、合理开发、有效保护,保障港口岸线资源合理、有序开放利用,提升港口岸线资源利用效率

续上表

层次	分类名称	主要内容	内容解释说明
发展领域	资源节约循环利用	循环利用水资源	加大水资源循环利用技术推广力度，积极开展交通运输领域水资源回收利用；推进港口、公路运输枢纽、高速公路服务区雨水和污水循环利用；鼓励交通建设企业加入区域资源再生综合交易系统，行业内外协同提升水资源循环利用水平
		综合循环利用材料资源	加大材料资源综合利用和循环利用技术推广力度，积极开展交通运输领域材料资源回收和废弃物综合利用；倡导路面材料等废旧材料再生综合利用和钢材、水泥等主要建材的循环利用；行业内外协同提升资源循环利用水平
		积极发展交通运输循环经济	强化交通运输循环经济发展理念，遵循“减量化、再利用、资源化”原则，积极探索交通运输循环经济实现方式，结合交通运输行业自身特点，制定促进交通运输循环经济发展的专项规划和措施，引导交通建设和运输中资源的综合利用。完善标准规范，进一步推进基础设施勘察设计、施工工艺、模板与材料等方面的标准化，倡导标准化设计、工厂化预制，提高再利用水平
实现途径	优化交通运输结构	优化交通基础设施结构，建设现代综合交通运输网络体系	积极促进现代综合交通运输体系建设，优化交通布局，加强运输大通道和综合交通枢纽建设，实现客运的“零换乘”和货运的“无缝衔接”。通过不断提升交通基础设施的专业化、网络化水平和高效服务能力，加快形成节能型交通基础设施网络体系，为交通运输工具的安全、畅通、高效营运创造良好的交通条件

续上表

层次	分类名称	主要内容	内容解释说明
实现途径	优化交通运输结构	优化能源结构,构建节能环保型交通运输装备体系	大力推进交通运输装备能源结构变革。加大新能源和清洁能源在城市公共交通和客货运输领域的应用,鼓励有条件的交通运输企业优先使用新能源汽车。大力加强各类交通运输装备的检测和维修保养,保持良好技术状况。加快形成高能效、低碳化、环保型的交通运输装备体系
		发展先进的运输组织模式,建设节能高效运输组织体系	优化货运组织管理,引导货运企业规模化发展。有效整合社会零散运力,实现货运的网络化、集约化、有序化和高效化,提高货运实载率。推进货物多式联运发展。优化航运组织管理,提高船舶载重量利用率。强化港口生产运营管理,提高货物集疏运效率、装卸设备利用率和港口生产作业效率
	提高发展质量效率	提升基础设施质量和效率	积极推进交通基础设施的升级改造,向网络化、智能化方向发展,提升交通基础设施质量和使用效率。提高工程的内在品质和结构的可靠性、耐久性、安全性和防灾减灾能力。建立大型交通基础设施风险评估机制,加强工程建设管理,完善"政府监督、社会监理、企业自检"三级质量保证体系,落实工程质量责任制,严格控制施工工艺,精心施工,保证合理工期,强化质量监督,不断提高工程质量。强化养护管理和机制创新,培育和完善交通基础设施养护工程市场。大力推进交通基础设施的智能化进程,积极开展高速公路跨区域联网收费、不停车收费,数字航道以及智能化航运建设,挖掘现有交通设施的潜能,促进节能减排,提高基础设施的利用效率和服务水平

续上表

层次	分类名称	主要内容	内容解释说明
实现途径	提高发展质量效率	提升运输服务质量和效率	建立统一开放、公平竞争、规范有序的运输市场，提高运输效率和服务水平。提高货物运输服务质量和效率，提高旅客运输服务质量和效率，完善调整公路服务区维修网点建设，建立机动车维修救援网络，为道路运输优质服务提供保障
	强化绿色科技创新	加强交通创新能力建设	加快推进交通行业科技创新，根本上要依靠创新能力建设。加大研发基地和人才创新平台建设，通过政府引导，充分发挥市场配置资源的基础性作用，推进以市场为导向、以企业为主体、产学研相结合的交通行业科技创新体系建设
		推进行业绿色交通重大关键技术研发	大力推进行业绿色交通重大关键技术研发，加强先进适用绿色交通技术研发应用，加快现代信息技术研发应用
		加快现代信息技术研发应用	大力推进行业信息化建设，鼓励交通企业利用现代信息技术提升企业核心竞争力。综合开发利用行业信息资源，建立资源共享的政府公共信息服务平台和管理信息平台，完善公众出行信息服务平台，建立物流信息服务网络，为公众出行和货物运输提供及时、准确、高效的交通信息。建立全国道路运输车辆、营运驾驶员和经营业户数据库，加快交通电子口岸共享信息平台建设，加强行业信用信息系统建设，研发应用营运车辆卫星监控和实时跟踪系统，逐步形成现代交通信息网络
		强化科技成果转化和推广应用	鼓励应用型技术的创新，积极采用新技术、新材料、新工艺、新装备，鼓励使用创新成果，建立和完善科技成果推广应用的有效机制，促进科研成果的产业化发展

续上表

层次	分类名称		主要内容	内容解释说明
实现途径	提升绿色治理能力	绿色交通治理体系建设	战略规划	探索建立绿色交通运输目标分解及责任考核制度、交通运输重点企业温室气体报告制度,对标国际应对气候变化行动方案和国际谈判;制订绿色交通发展五年规划和中长期发展规划
			法律法规	交通运输节约能源条例。交通运输能源消费总量管理和节约制度。交通运输行业重点用能单位节能管理制度。交通运输行业节能低碳产品和技术装备推广制度。交通运输行业碳排放总量控制制度。交通运输企业温室气体排放清单编报制度。交通运输行业碳排放交易制度。交通运输资源节约集约利用制度。交通运输资源循环利用制度。交通运输生态补偿制度
			标准体系建设	通用标准,包括交通运输行业碳排放核算与报告指南、绿色交通规划编制指南、绿色交通评价指南、交通运输能耗监测平台技术标准、交通运输耗能产品能效评定方法。 基础设施建管养运相关标准,包括公路建设项目施工期能源消耗及 CO_2 排放统计及分析方法、公路建设项目碳汇核算方法、公路工程节能设计规范、公路 ETC 项目碳排放计算方法、公路服务区污水处理设施能效限定值及评价标准、路桥施工设备能源计量器具配备和管理要求、路面再生机械能效限定值及能效等级、桥梁施工设备能效限定值及能效等级、隧道施工设备能效限定值及能效等级。 道路运输相关标准,包括道路货运车辆能源计量器具配备和管理要求、燃油营运货车能效

续上表

层次	分类名称		主要内容	内容解释说明
实现途径	提升绿色治理能力	绿色交通治理体系建设	标准体系建设	和二氧化碳排放等级及测量计算方法，电动营运货车能效等级及测量方法、电动混合动力营运货车能效和二氧化碳排放等级及测量计算方法等。 水路运输相关标准，包括内河船舶柴油机动力装置能量平衡实船测试方法、船用氢燃料电池节能减排指标评定方法、船舶节能操作规范、港口用能单位能源计量器具配备和管理要求、港口流动装卸设备能源利用效率检测方法，港口固定装卸设备能源利用效率检测方法、码头油气回收设施节能评价导则
			激励制度	绿色交通财政补贴制度，绿色交通企业税收减免激励制度，交通运输绿色信贷制度，交通运输绿色发展基金制度，绿色交通科技创新制度，绿色交通技术引进推广制度
			评估制度	绿色交通影响评估制度，绿色交通评价示范制度
			监管制度	绿色交通环境统计制度，绿色交通目标责任制度，交通运输环境信息公开制度
		绿色交通治理能力建设	绿色交通监管能力建设	统计监测体系建设，一是建立健全与绿色交通评价考核工作相适应的统计监测体系，二是健全交通运输行业温室气体统计核算体系，三是加强温室气体排放核算工作。 绿色交通监管网络建设，一是加快完善绿色交通监管网络，二是加强绿色交通监管队伍建设
			绿色交通服务能力建设	绿色交通科研机构和人才队伍建设，一是建立绿色交通科研机构，二是加强人才队伍建设

续上表

层次	分类名称		主要内容	内容解释说明
实现途径	提升绿色治理能力	绿色交通治理能力建设	绿色交通服务能力建设	绿色交通服务体系建设,一是积极培育交通运输节能减排技术服务市场,二是加强绿色交通文化体系建设
			绿色交通应急能力建设	通过环境监测网和统计监测体系建设,对交通运输重点污染源、排放源实现全面监控,有效掌控各类环境隐患。指导重点地区、重点企业和重点单位,完善环境突发事件处置应急预案,明确应急分工和处置程序,组织人员参加应急培训,开展应急演练,提高对突发环境事件的应急处置能力

四、绿色交通发展路线图

按照上述的绿色交通发展框架体系,以生态文明建设要求为指导,紧扣绿色交通发展的内涵与特征,重点围绕节能降碳、资源节约循环利用、污染防治、生态保护四大发展领域,以优化交通运输结构、提高发展质量效率、强化绿色科技创新、提升绿色治理能力为主要途径,全面推进我国绿色交通发展。

我国绿色交通从发展阶段来看,不同阶段的侧重点应有所不同。从当前到2030年,总体上可以划分为两个阶段,逐步实现从着力加快综合交通运输体系建设到着力实现以市场主导、良性治理的绿色交通发展模式转变,最终全面实现绿色交通治理体系和治理能力现代化。

①近期(2016—2020年):优化结构,提高效率,着力加快综合交通运输体系建设。

完善交通基础设施,建设综合交通运输体系,充分发挥各种运输方式的比较优势,实现各种运输方式的有效衔接,是交通运输绿色发展的基础第一步。“十二五”以来,我国交通运输基础设施大拆大建的高潮已退去,发展现代化的综合交通运输体系成为当前国家和社会公众的迫切需求。因此,从近期来看,应优化交通运输结构,发展综合交通运输体系,提高交通运输效率,为实现交通运输绿色发展提供扎实的、节能低碳的基础服务设施。

②中远期(2021—2030年):着力实现市场主导、良性治理的绿色交通发展模式。

在综合交通体系成熟的前提下，重点关注科技创新、政策创新、体制机制创新等方面的突破，充分依靠市场力量，利用金融工具，通过价格变化调动企业参与积极性，将减排成果转化为效益，真正发挥市场在绿色交通发展中的突出作用，发挥市场的资源配置优势，引导中国交通运输行业绿色发展向高效、经济的发展转变。同时，健全绿色交通法规标准体系、政策制度体系，形成成熟的、系统的管理系统，推动绿色交通的良性治理模式。

中国绿色交通发展路线图如图 3-5 所示。

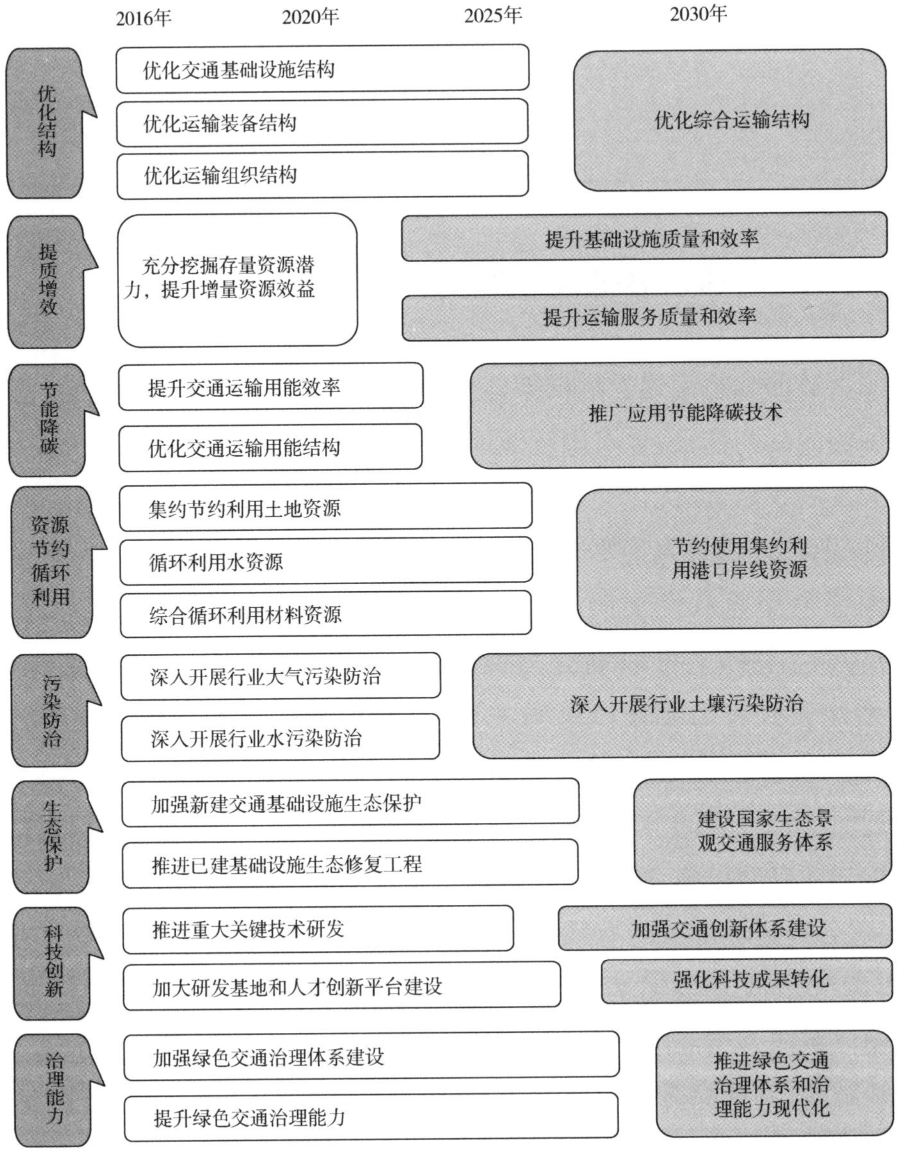

图 3-5 中国绿色交通发展路线图

第四章 绿色交通发展指标体系

一、绿色交通发展指标现状

绿色交通发展评价指标体系是量化绿色交通发展的有效手段和工具，是绿色交通发展框架的核心体现，使绿色交通运输体系这个抽象的复杂系统变得可被理解、被测量，让交通运输行业主管部门可以定期了解全行业绿色交通运输发展水平。

（一）绿色交通发展指标体系的相关基础

2013 年，为贯彻落实党的十八届三中全会关于加快生态文明制度建设，深入推进交通运输绿色发展、循环发展、低碳发展，实现到 2020 年基本建成绿色循环低碳交通运输体系的发展目标，经交通运输部批准，交通运输节能减排项目管理中心研究制定了《绿色循环低碳交通运输省份、城市、公路、港口考核评价指标体系（试行）》。随着绿色交通发展内涵和概念的不断深化，绿色交通评价指标的研究也在不断完善，2015 年，在《绿色循环低碳交通运输省份、城市、公路、港口考核评价指标体系（试行）》的基础上逐渐丰富，形成了《绿色交通示范区（工程）省级、市级（港口运营、公路建设、公路运营）评价指标（征求意见稿）》。

1.绿色交通省份评价指标体系

《绿色循环低碳交通运输省份考核评价指标体系（试行）》分为强度性指标、体系性指标、保障性指标和特色性指标，共计 20 个（表 4-1）。

绿色循环低碳交通运输省份考核评价指标体系(试行) 表 4-1

<table>
<tr><th colspan="2">指 标 类 别</th><th>指 标 名 称</th></tr>
<tr><td rowspan="10">强度性指标</td><td rowspan="5">能耗强度</td><td>1.营运车辆单位运输周转量综合能耗</td></tr>
<tr><td>2.营运船舶单位运输周转量综合能耗</td></tr>
<tr><td>3.港口生产单位吞吐量综合能耗</td></tr>
<tr><td>4.城市公交单位客运量综合能耗</td></tr>
<tr><td>5.城市出租车单位客运量综合能耗</td></tr>
<tr><td rowspan="5">二氧化碳排放强度</td><td>6.营运车辆单位运输周转量二氧化碳排放</td></tr>
<tr><td>7.营运船舶单位运输周转量二氧化碳排放</td></tr>
<tr><td>8.港口生产单位吞吐量二氧化碳排放</td></tr>
<tr><td>9.城市公交单位客运量二氧化碳排放</td></tr>
<tr><td>10.城市出租车单位客运量二氧化碳排放</td></tr>
<tr><td rowspan="6">体系性指标</td><td rowspan="2">基础设施</td><td>11.区域交通基础设施布局及结构优化情况</td></tr>
<tr><td>12.每万人城市轨道交通与公交专用里程数</td></tr>
<tr><td rowspan="2">运输装备</td><td>13.节能环保型营运车辆占比</td></tr>
<tr><td>14.节能环保型营运船舶占比</td></tr>
<tr><td rowspan="2">运输组织</td><td>15.区域交通运输一体化推进情况</td></tr>
<tr><td>16.物流公共信息平台覆盖率</td></tr>
<tr><td colspan="2" rowspan="4">保障性指标</td><td>17.节能减排组织机构及工作机制建设</td></tr>
<tr><td>18.节能减排统计监测体系建设</td></tr>
<tr><td>19.节能减排市场机制推进</td></tr>
<tr><td>20.节能减排宣传培训</td></tr>
<tr><td colspan="2">特色性指标</td><td>可依据省份特点、项目创新情况,设立自定义项。自定义项应当符合绿色循环低碳省份与可持续发展的宗旨。申请方应在事实方案中提出自定义项申请,并阐述申请理由及分值</td></tr>
</table>

《绿色交通示范区(省级)评价指标(征求意见稿)》(表 4-2)中的指标体系,从指标类别来看,将指标类别重新归纳为强度指标、过程指标和管理指标,共计 28 个。保留了强度性指标,但包含的指标有所减少,将城市公交、出租类的强度指标删除;侧重过程性指标,该过程性指标与试行指标体系中的体系性指标呼应,但指标更为丰富和细化,同时增加了如公路路面材料循环利用率等资源集约循环利用指标,丰富了试行指标体系。但总体而言,不论是试行指标体系还是征求意见稿中

的评价指标体系,侧重点仍在节能降碳领域。

绿色交通示范区(省级)评价指标(征求意见稿) 表 4-2

类 别	序 号	指 标 名 称
强度指标 (20 分)	1	营运车辆单位运输周转量能耗及其降幅
	2	营运船舶单位运输周转量能耗及其降幅*
	3	港口生产单位吞吐量综合能耗及其降幅*
	4	营运车辆单位运输周转量二氧化碳排放及其降幅
	5	营运船舶单位运输周转量二氧化碳排放及其降幅*
	6	港口生产单位吞吐量二氧化碳排放及其降幅*
过程指标 (60 分)	7	清洁能源与新能源营运车辆占比
	8	符合国 IV 及以上汽车排放标准的汽车占比
	9	车用燃油标准实施情况
	10	天然气动力船舶应用情况*
	11	公路天然气加气站布局规划及落实情况
	12	高速公路服务区电动汽车充电设施建设情况
	13	高速公路客车 ETC 缴费次数占比
	14	高速公路节能照明灯具应用率
	15	公路路面材料循环利用率
	16	电能在港口生产用能中的占比*
	17	天然气在港口生产用能中的占比*
	18	港口安装变压变频岸电设施情况*
	19	营运货车平均里程利用率
	20	营运客车平均实载率
	21	二级及以上客运站客运售票联网系统覆盖率
	22	水路与铁路货物运输周转量占比
	23	拥有公共自行车的城市数量占比*
管理指标 (20 分)	24	节能减排组织领导
	25	节能减排制度建设
	26	节能减排能力建设
	27	节能减排市场机制
	28	节能减排宣传培训

注:标 * 的指标为可选指标。根据可选指标的适用条件,可以不选用可选指标进行评价。

2.绿色交通城市评价指标体系

《绿色循环低碳交通运输省份考核评价指标体系(试行)》(表4-3)分为强度性指标、体系性指标、保障性指标和特色性指标,共计24个。与绿色交通省份的评价指标关注省份的交通衔接性相比(如区域交通基础设施布局及结构优化情况、区域交通运输一体化推进情况等指标),绿色交通城市的评价指标体系聚焦在城市交通领域,如公交占机动化出行分担率、公交专用道占城市道路比例、慢行道占城市道路比例等指标。

绿色循环低碳交通运输城市考核评价指标体系(试行) 表4-3

指标类别		指标名称
强度性指标	能耗强度	1.营运车辆单位运输周转量综合能耗
		2.营运船舶单位运输周转量综合能耗
		3.港口生产单位吞吐量综合能耗
		4.城市公交单位客运量综合能耗
		5.城市出租车单位客运量综合能耗
	二氧化碳排放强度	6.营运车辆单位运输周转量二氧化碳排放
		7.营运船舶单位运输周转量二氧化碳排放
		8.港口生产单位吞吐量二氧化碳排放
		9.城市公交单位客运量二氧化碳排放
		10.城市出租车单位客运量二氧化碳排放
体系性指标	基础设施	11.综合运输枢纽建设情况
		12.公交专用道占城市道路比例
		13.慢行道占城市道路比例
	运输装备	14.节能环保型营运车辆占比
		15.节能环保型营运船舶占比
	运输组织	16.水运与铁路货运承运比重
		17.公交占机动化出行分担率
		18.多式联运占综合运输周转量比重
	智能交通与信息化	19.公众出行信息服务系统应用情况
		20.物流公共信息平台应用情况
保障性指标		21.节能减排组织机构及工作机制建设
		22.节能减排统计监测考核体系建设

续上表

指标类别	指标名称
保障性指标	23.节能减排市场机制推进
	24.节能减排宣传培训
特色性指标	可依据城市特点、项目创新情况，设立自定义项。自定义项应当符合绿色循环低碳城市与可持续发展的宗旨。申请方应在实施方案中提出自定义项申请，并阐述申请理由及分值

延续征求意见稿的省级评价指标体系，《绿色交通示范区（城市）评价指标（征求意见稿）》（表4-4）也将指标类别重新归纳为强度指标、过程指标和管理指标，共计24个。同样的，征求意见稿中的城市评价指标体系弱化了对城市公交和出租的强度评价，细化了对过程性指标的评价，如增加了公共交通信息化发展情况、公共自行车建设使用情况等指标，同时也包括资源循环领域的评价指标（公路路面材料循环利用率）。

绿色交通示范区（市级）评价指标（征求意见稿）　　表4-4

类别	序号	指标名称
强度指标（20分）	1	营运车辆单位运输周转量能耗及其降幅
	2	营运船舶单位运输周转量能耗及其降幅*
	3	港口生产单位吞吐量综合能耗及其降幅*
	4	营运车辆单位运输周转量二氧化碳排放及其降幅
	5	营运船舶单位运输周转量二氧化碳排放及其降幅*
	6	港口生产单位吞吐量二氧化碳排放及其降幅*
过程指标（60分）	7	清洁能源与新能源营运车辆占比
	8	符合国IV及以上汽车排放标准的汽车占比
	9	天然气动力船舶应用情况*
	10	公路路面材料循环利用率
	11	电能在港口生产用能中的占比*
	12	天然气在港口生产用能中的占比*
	13	港口安装变压变频岸电设施情况*
	14	综合运输枢纽发展规划及落实情况
	15	城市天然气加气站布局规划及落实情况

续上表

类　　别	序　号	指标名称
过程指标（60分）	16	城市电动汽车充电设施布局规划及落实情况
	17	公共交通占机动化出行分担率
	18	公共交通信息化发展情况
	19	公共自行车建设使用情况*
管理指标（20分）	20	节能减排组织领导
	21	节能减排制度建设
	22	节能减排能力建设
	23	节能减排市场机制
	24	节能减排宣传培训

注：标*的指标为可选指标。根据可选指标的适用条件，可以不选用可选指标进行评价。

3.绿色交通港口评价指标体系

《绿色循环低碳港口考核评价指标体系（试行）》（表4-5）分为强度性指标、体系性指标、保障性指标和特色性指标，共计17个指标。

绿色循环低碳港口考核评价指标体系（试行）　　表4-5

指标类别		指标名称
强度性指标		1.港口生产单位吞吐量综合能耗
		2.港口生产单位吞吐量 CO_2 排放
体系性指标	装卸运输装备	3.节能低碳技术应用
	生产基础设施	4.港口配备岸电设施情况
		5.绿色照明灯具比例
	生产组织模式	6.工艺优化措施
	港口信息化	7.港口生产智能化调度系统
		8.港口物流公共信息服务平台
	能力建设	9.港口能源管理信息化系统
		10.能源计量器具配备率
		11.交通节能减排规划、计划制定实施
		12.能源管理体系建设
		13.能源审计制度的建立和执行
保障性指标		14.组织与机构建立与运行
		15.节能减排目标责任评价考核制度

续上表

指标类别	指标名称
保障性指标	16.科技创新机制
	17.节能减排宣传培训
特色性指标	可依据港口特点、项目创新情况，设立自定义项。自定义项应当符合绿色循环低碳港口与可持续发展的宗旨。申请方应在实施方案中提出自定义项申请，并阐述申请理由及分值

《绿色交通示范工程（港口运营）评价指标（征求意见稿）》（表4-6）同样将指标类别重新归纳为强度指标、过程指标和管理指标，共计16个。两套指标均保留了强度性指标，但征求意见稿中的指标更加细化，包含了绝对水平和相对降幅两个层面。过程指标中增加了对环保领域的评价，如环保技术应用情况等指标。

绿色交通示范工程（港口运营）**评价指标**（征求意见稿）　表4-6

类别	序号	指标名称
强度指标（15分）	1	港口生产单位吞吐量综合能耗及其降幅
	2	港口生产单位吞吐量二氧化碳排放及其降幅
过程指标（65分）	3	电能在港口生产用能中的占比
	4	天然气在港口生产用能中的占比*
	5	可再生能源应用情况
	6	变压变频岸电设施泊位数量*
	7	节能照明灯具数量占比
	8	装卸设备节能技术应用情况
	9	生产工艺节能技术应用情况
	10	环保技术应用情况
	11	港口生产信息化应用情况
管理指标（20分）	12	节能减排组织领导
	13	节能减排制度建设
	14	节能减排能力建设
	15	节能减排市场机制
	16	节能减排宣传培训

注：标*的指标为可选指标。根据可选指标的适用条件，可以不选用可选指标进行评价。

4.绿色交通公路评价指标体系

《绿色循环低碳公路考核评价指标体系》(表4-7)分为强度性指标、体系性指标、保障性指标和特色性指标,共计20个,该套指标体系仅关注建设阶段。

绿色循环低碳公路考核评价指标体系(试行) 表4-7

<table>
<tr><th colspan="2">指标类别</th><th>指标名称</th></tr>
<tr><td rowspan="2">强度性指标</td><td>能耗强度</td><td>1.建设期能耗下降率</td></tr>
<tr><td>二氧化碳排放强度</td><td>2.建设期二氧化碳排放下降率</td></tr>
<tr><td rowspan="14">体系性指标</td><td rowspan="14">绿色低碳技术应用</td><td>3.耐久性路面结构使用率</td></tr>
<tr><td>4.温拌沥青路面使用率</td></tr>
<tr><td>5.高性能混凝土使用率</td></tr>
<tr><td>6.旧路面材料再生利用率</td></tr>
<tr><td>7.可循环材料使用率</td></tr>
<tr><td>8.可再生能源应用率</td></tr>
<tr><td>9.公路节能照明技术使用率</td></tr>
<tr><td>10.公众服务及低碳运营指示系统应用</td></tr>
<tr><td>11.车辆超限超载不停车预检系统应用</td></tr>
<tr><td>12.隧道通风智能控制系统应用</td></tr>
<tr><td>13.ETC覆盖率</td></tr>
<tr><td>14.施工期集中供电措施应用</td></tr>
<tr><td>15.公路沿线设施绿色建筑建设</td></tr>
<tr><td>16.施工机械低碳技术改造</td></tr>
<tr><td colspan="2" rowspan="4">保障性指标</td><td>17.节能减排组织机构及工作机制建设</td></tr>
<tr><td>18.节能减排统计监测体系建设</td></tr>
<tr><td>19.节能减排目标责任评价考核制度</td></tr>
<tr><td>20.节能减排宣传培训</td></tr>
<tr><td colspan="2">特色性指标</td><td>可依据公路特点、项目创新情况,设立自定义项。自定义项应当符合绿色循环低碳公路与可持续发展的宗旨,并且达到可测算、可报告、可核实。申请方应在实施方案中提出自定义项申请,并阐述申请理由及分值</td></tr>
</table>

注:仅考核建设阶段。

《绿色交通示范工程(公路建设、公路运营)评价指标(征求意见稿)》(表4-8、表4-9)同样将指标类别重新归纳为强度指标、过程指标和管理指标。与试行的评价指标体系不同的是,征求意见稿的指标体系不仅聚焦公路建设阶段,同时也对公路运营阶段进行评价。其中公路建设阶段共包括13个指标,公路运营阶段共包括14个指标。征求意见稿中的公路建设评价指标体系过程指标,更关注技术的应用情况,如节能技术、环保技术、资源循环利用技术的应用情况等,覆盖的领域有所扩展。

绿色交通示范工程(公路建设)评价指标(征求意见稿)　　表4-8

类　别	序　号	指标名称
强度指标(15分)	1	公路建设万元建安费能耗
	2	公路建设万元建安费二氧化碳排放
过程指标(65分)	3	天然气拌和站数量占比
	4	节能技术应用情况
	5	环保技术应用情况
	6	资源循环利用技术应用情况
	7	面向公路养护的节能减排技术应用情况
	8	面向公路运营的节能减排技术应用情况
管理指标(20分)	9	节能减排组织领导
	10	节能减排制度建设
	11	节能减排能力建设
	12	节能减排市场机制
	13	节能减排宣传培训

绿色交通示范工程(公路运营)评价指标(征求意见稿)　　表4-9

类　别	序　号	指标名称
强度指标(15分)	1	路面养护作业万元建安费能耗
	2	路面养护作业万元建安费二氧化碳排放
过程指标(65分)	3	可再生能源用量占比
	4	节能照明灯具数量占比

续上表

类　　别	序　　号	指 标 名 称
过程指标（65分）	5	预防性养护实施情况
	6	节能技术应用情况
	7	环保技术应用情况
	8	公路路面材料循环利用率
	9	公众出行信息服务情况
管理指标（20分）	10	节能减排组织领导
	11	节能减排制度建设
	12	节能减排能力建设
	13	节能减排市场机制
	14	节能减排宣传培训

（二）绿色交通指标体系基础与绿色交通发展框架的对比分析

目前，交通运输行业已发布了包括绿色交通省、绿色交通城市等在内的9套评价指标体系，初步建立了适用于绿色交通发展的评价指标体系，为科学评估绿色交通发展水平提供依据。但各类指标体系针对性突出，任何一套指标体系都不能全部满足评价全行业绿色交通发展现状的需求，普适性不足。通过已有的指标体系与绿色发展框架的对比分析（表4-10）可以发现，总体来看，已有的指标体系更多侧重于优化结构、节能降碳、绿色科技创新以及治理能力方面，对提质增效、污染防治、生态保护、资源集约与循环利用等方面涉及较少，不能全面反映出绿色交通发展的内在需求。具体而言，在优化结构、节能降碳、绿色科技创新等方面，已有指标体系基本与绿色交通发展框架的内容一致；在能力建设方面，已有指标体系所涉及的指标类型包括制度建设类指标、监管体系类指标、市场机制类指标、服务建设类指标，基本可以满足评价绿色交通发展水平的需求，但已有指标体系涉及的指标类型多为定性指标，在一定程度上，无法准确、客观地评估出治理能力的发展阶段，这也是现有指标体系的不足之处。

绿色交通指标体系基础与绿色交通发展框架的对比分析　　表 4-10

绿色发展框架		指标基础								
		绿色交通省		绿色交通城市		绿色公路			绿色港口	
		试行版	征求意见稿	试行版	征求意见稿	试行版	征求意见稿		试行版	征求意见稿
							建设期	运营期		
优化结构	装备结构类指标	√	√	√	√					
	组织结构类指标	√	√	√	√				√	
	能源结构类指标		√		√	√		√	√	√
提质增效	发展质量效率类指标									
节能降碳	强度类指标	√	√	√	√	√	√	√	√	√
资源集约与循环利用	资源集约利用类指标									
	资源循环利用类指标		√		√	√	√	√		
污染防治	污染水平类指标									√
	污染防治类指标									
生态保护	基础设施生态保护类指标						√			
	基础设施修复保护类指标						√	√		
绿色科技创新	技术应用类指标	√	√	√		√	√	√	√	√
治理能力	制度建设类指标	√	√	√	√	√	√	√	√	√
	监管体系类指标	√	√	√	√	√			√	√
	市场机制类指标	√	√	√	√		√	√		√
	服务建设类指标	√	√	√	√	√	√	√	√	√

二、绿色交通发展指标体系构建

（一）绿色交通发展指标体系设计原则

1.坚持响应国家要求与体现行业特征相结合

指标的选取应积极响应国家的相关要求，突出国家政策的引导性，同时，紧密结合行业特征，将国家要求落实到交通运输行业的发展，有针对性地引领交通运输行业绿色发展，保障交通运输行业绿色发展与国家相关政策要求的一致性。

2.坚持科学理论与操作实践相结合

评价指标体系的研究应在科学基础上,概念明确,体现交通运输行业绿色发展的内涵,突出交通运输行业绿色发展评价的系统目标。同时,评价指标体系的构建也要尽可能考虑评价指标体系的可用性,数据可得、指标范围可界定,充分体现指标选取的可操作性。

3.坚持立足当前与着眼长远相结合

行业绿色发展现状的评价是指标体系建设的基础需求。在设置指标的过程中,需要立足行业绿色交通发展的现状,对当前的绿色交通发展水平进行合理的评价。同时,也要着眼于未来的发展潜力,指标体系的构建也要充分挖掘绿色交通的发展空间,引领绿色交通的发展方向。

(二)绿色交通发展指标体系基本框架

本部分在绿色交通发展框架的指导下,融合绿色交通发展的概念和内涵,从优化结构、提质增效、节能降碳、资源集约与循环利用、污染防治、生态保护、绿色科技创新、治理能力等方面,设计构造了一套"四级叠加,逐层收敛,规范权重,统一排序"的全行业绿色交通发展评价指标体系,其基本框架如图 4-1 所示。该指标体系分为总体层、系统层、状态层和指标层四个等级。

总体层:从整体上综合表达全行业绿色交通发展能力,代表全行业绿色交通发展总体运行态势、演化轨迹和发展绿色交通的总体效果。

系统层:结合绿色交通发展框架,将绿色交通发展系统解析为优化结构系统、提质增效系统、节能降碳系统、资源集约与循环利用系统、污染防治系统、生态保护系统、绿色科技创新系统、治理能力系统。该层面主要揭示各子系统的运行状态和发展趋势。

状态层:反映决定各子系统行为的主要环节和关键组成成分的状态,包括某一时间断层上的状态和某一时间序列上的变化状态。

指标层:采用可测的、可比的、可获得的指标,对状态层的数量表现、质量表现、强度表现、速率表现等方面予以直接的度量。

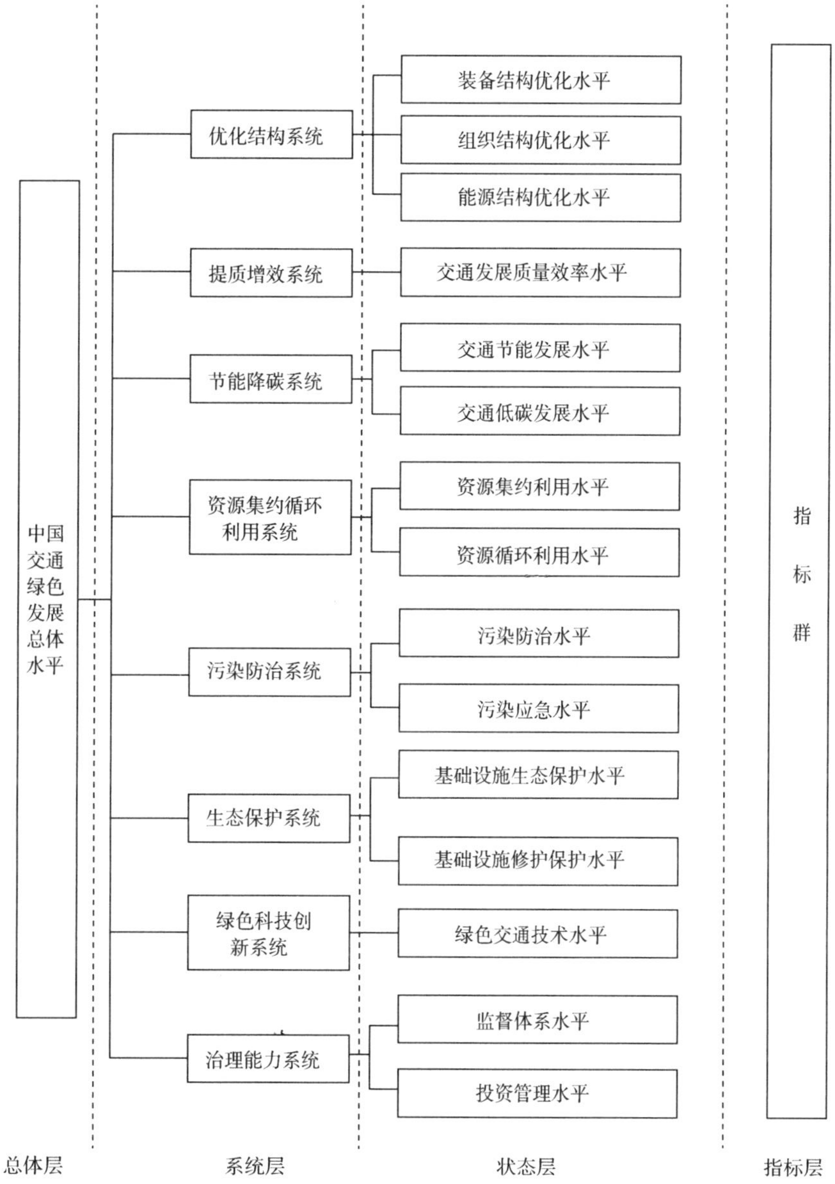

图 4-1　绿色交通发展指标体系的基本框架

（三）绿色交通发展评价指标体系

1.指标体系

在构建的全行业绿色交通评价指标的框架下，结合指标体系设计原则，主要从两个维度出发，采用文献调研、实地调研、国内外经验借鉴等研究方式选择合适的评价指标。一方面，结合绿色交通发展框架和绿色交通发展内涵，拟从优化结构、提质增效、节能降碳、资源集约与循环利用、污染防治、生态保护、绿色科技创新、治理能力等方面，进行指标的筛选研究。另一方面，在现有发布绿色交通省份、城市、公路、港口等指标体系试行、征求意见稿基础之上，高度归纳和统筹设计出普适性的指标，构建适用于全行业绿色交通发展的指标体系。绿色交通发展指标体系（表4-11）共包括40个变量，全面涵盖了节能降碳、生态保护、污染防治、资源集约循环利用和能力建设等绿色交通发展领域。

绿色交通发展评价指标体系 表4-11

系统层	状态层	指标名称	指标来源
优化结构	装备结构优化水平	清洁及新能源营运车辆占营运车辆总数的比例	①②⑤
		清洁及新能源营运船舶占营运船舶总数的比例	①②⑤
		清洁及新能源公交车占公交车总数的比例	①②
		清洁及新能源出租车占出租车总数的比例	①②
	组织结构优化水平	水路、铁路货运周转量占比	②
		绿色出行比例	②
	能源结构优化水平	清洁能源和可再生能源占交通运输行业用能比重	新增指标，加强对交通运输行业用能结构的评估
提质增效	交通发展质量效率水平	营运货车里程利用率	新增指标，加强对货运交通运输发展效率的评估
		客运枢纽换乘便利性程度	新增指标，加强对客运交通运输发展效率的评估
节能降碳	交通节能发展水平	营运客车单位运输周转量能耗水平	⑤
		营运货车单位运输周转量能耗水平	⑤
		营运船舶单位运输周转量能耗水平	①②
		城市客运单位客运量能耗水平	①②
		港口生产单位吞吐量综合能耗水平	①②
	交通低碳发展水平	营运客车单位运输周转量 CO_2 排放水平	⑤

续上表

系统层	状　态　层	指 标 名 称	指 标 来 源
节能降碳	交通低碳发展水平	营运货车单位运输周转量 CO_2 排放水平	⑤
		营运船舶单位运输周转量 CO_2 排放水平	①②
		城市客运单位客运量 CO_2 排放水平	①②
		港口生产单位吞吐量 CO_2 排放水平	①②
资源集约循环利用	资源集约利用水平	港口单位长度生产用码头岸线通过能力	新增指标，加强对资源集约利用水平的评估
		单位公路用地面积形成的路网通行量	新增指标，加强对资源集约利用水平的评估
	资源循环利用水平	公路路面材料循环利用率	①②③
		港口污水循环利用率	新增指标，加强对港口资源循环利用水平的评估
		高速公路服务区污水循环利用率	新增指标，加强对高速公路服务区污水循环利用的评估
污染防治	污染防治水平	单位机动车主要污染物排放水平	新增指标，加强机动车污染水平的评估
		单位船舶硫氧化物、氮氧化物、颗粒物排放水平	⑤
		交通运输行业化学需氧量	新增指标，加强对交通行业污染水平的评估
		港口单位吞吐量污水排放量	新增指标，加强港口污水排放水平的评估
	污染治理指数	沿海距岸 50 海里水域一次溢油综合清除控制能力	⑤
		拥有污染处理装备数量	新增指标，加强对污染治理水平的评估

续上表

系统层	状 态 层	指 标 名 称	指 标 来 源
生态保护	基础设施生态保护水平	公路绿化率	⑦
		交通规划占用生态敏感点的面积占比	⑦
	基础设施生态修护水平	临时占地复耕率	①
绿色科技创新	绿色交通技术水平	物流公共信息平台覆盖率	②④
		公众出行服务系统覆盖率	②
		行业科技进步贡献率	⑥
		节能低碳技术(产品)的应用率	②④
绿色治理体系和治理能力	监督体系水平	交通运输重点监测对象覆盖率	⑤
		交通节能环保监测统计平台建成率	⑤
	投资管理水平	交通运输行业节能环保投资占交通固定资产投资比重	新增指标,加强对污染治理能力的评估

注:指标来源:①绿色交通省份类评价指标体系;②绿色交通城市类评价指标体系;③绿色公路类评价指标体系;④绿色港口类评价指标体系;⑤《交通运输节能环保"十三五"发展规划》;⑥《国家中长期科学和技术发展规划纲要(2006—2020年)》;⑦生态公路类评价指标体系。

2.指标说明

①优化结构系统

- 指标1:清洁及新能源营运车辆占营运车辆总数的比例

指标解释:清洁及新能源营运车辆主要指以清洁及新能源燃料取代传统汽油燃料的营运车辆,主要包括天然气、氢能源动力、太阳能、混合动力、电能等车辆。

清洁及新能源营运车辆占总数的比例=清洁及新能源营运车辆总数÷所有营运车辆总数×100%。该指标反映交通行业绿色运输装备结构优化水平。

- 指标2:清洁及新能源营运船舶占营运船舶总数的比例

指标解释:清洁及新能源营运船舶主要指以清洁及新能源燃料取代传统汽油燃料的营运船舶,主要包括天然气、氢能源动力、太阳能、混合动力等船舶。

清洁及新能源营运船舶占总数的比例=清洁及新能源营运船舶总数÷所有营运船舶总数×100%。该指标反映交通行业绿色运输装备结构优化水平。

- 指标3:清洁及新能源公交车占公交车总数的比例

指标解释:清洁及新能源公交车主要指以清洁及新能源燃料取代传统汽油燃料的公交车,主要包括天然气、氢能源动力、太阳能、混合动力、电能等公交车。

清洁及新能源公交车占总数的比例=清洁及新能源公交车总数÷所有公交车总数×100%。该指标反映交通行业绿色运输装备结构优化水平。

- 指标4:清洁及新能源出租车占出租车总数的比例

指标解释:清洁及新能源出租车主要指以清洁及新能源燃料取代传统汽油燃料的出租车,主要包括天然气、氢能源动力、太阳能、混合动力、电能等出租车。

清洁及新能源出租车占总数的比例=清洁及新能源出租车总数÷所有出租车总数×100%。该指标反映交通行业绿色运输装备结构优化水平。

- 指标5:水路、铁路货运周转量占比

指标解释:水路、铁路货运周转量占比=水路货物运输量和铁路货物运输周转量总和÷社会总货运周转量×100%。由于水路和铁路的运输单耗远远小于公路运输,因此,该指标值越高,说明交通运输行业的运输组织结构优化水平越高。

- 指标6:绿色出行比例

指标解释:绿色出行比例指城市居民出行中选择绿色出行方式(包括公共交通、自行车、慢行交通)出行量占总出行量的比率,这个指标是衡量公共交通发展、城市交通结构合理性的重要指标。

绿色出行比例=选择绿色出行方式总人次÷出行总人次×100%。

- 指标7:清洁能源和可再生能源占交通运输行业用能比重

指标解释:清洁能源和可再生能源占交通运输行业用能比重=清洁能源和可再生能源消费量÷交通运输行业能源消费总量×100%。该指标是测度交通运输行业用能结构的有效指标。

②提质增效系统

- 指标8:营运货车里程利用率

指标解释:营运货车里程利用率=(总里程-空驶里程)÷总里程×100%。该指标用于评价营运货车运输组织效率。

- 指标 9:客运枢纽换乘便利性程度

指标解释:客运枢纽换乘便利性程度以枢纽内部换乘距离作为测度指标。该指标用于评价运输服务质量和效率。

③节能降碳系统

- 指标 10:营运客车单位运输周转量能耗水平

指标解释:营运客车单位运输周转量能耗水平指平均每完成千人公里周转量产生的能源消耗量,单位是千克标准煤/千人公里。该指标反映单位周转量的节能水平。

- 指标 11:营运货车单位运输周转量能耗水平

指标解释:营运货车单位运输周转量能耗水平指平均每完成百吨公里周转量产生的能源消耗量,单位是千克标准煤/百吨公里。该指标反映单位周转量的节能水平。

- 指标 12:营运船舶单位运输周转量能耗水平

指标解释:营运船舶单位运输周转量能耗水平指平均每完成千吨公里周转量产生的能源消耗量,单位是千克标准煤/千吨公里。该指标反映单位周转量的节能水平。

- 指标 13:城市客运单位客运量能耗水平

指标解释:城市客运包括城市公交、出租汽车和轨道交通,城市客运单位客运量能耗指平均每完成万人次客运量产生的能源消耗量,单位是吨标准煤/万人次。该指标反映单位客运量的节能水平。

- 指标 14:港口生产单位吞吐量综合能耗水平

指标解释:港口生产单位吞吐量综合能耗水平指平均每完成万吨吞吐量产生的能源消耗量,单位是吨标准煤/万吨。该指标反映单位吞吐量的节能水平。

- 指标 15:营运客车单位运输周转量 CO_2 排放水平

指标解释:营运客车单位运输周转量 CO_2 排放水平指平均每完成千人公里周转量产生的 CO_2 排放量,单位是千克 CO_2/千人公里。该指标反映单位周转量的排放水平。

- 指标 16:营运货车单位运输周转量 CO_2 排放水平

指标解释:营运货车单位运输周转量 CO_2 排放水平指平均每完成百吨公里周转量产生的 CO_2 排放量,单位是千克 CO_2/百吨公里。该指标反映单位周转量的排放水平。

- 指标 17:营运船舶单位运输周转量 CO_2 排放水平

指标解释:营运船舶单位运输周转量 CO_2 排放水平指平均每完成千吨公里周转量产生的 CO_2 排放量,单位是千克 CO_2/千吨公里。该指标反映单位周转量的排放水平。

- 指标 18:城市客运单位客运量 CO_2 排放水平

指标解释:城市客运包括城市公交、出租汽车和轨道交通,城市客运单位客运量 CO_2 排放水平指平均每完成万人次产生的 CO_2 排放量,单位是吨 CO_2/万人次。该指标反映单位客运量的排放水平。

- 指标 19:港口生产单位吞吐量 CO_2 排放水平

指标解释:港口生产单位吞吐量 CO_2 排放水平指平均每完成万吨吞吐量产生的排放水平,单位是吨 CO_2/万吨。该指标反映单位吞吐量的排放水平。

④资源集约循环利用系统

- 指标 20:港口单位长度码头岸线通过能力

指标解释:港口单位长度码头岸线通过能力=港口货物吞吐量÷港口生产用码头泊位总长度。该指标用于评价港口岸线(生产用码头泊位)的开发利用效率。

- 指标 21:单位公路用地面积形成的路网通行量

指标解释:单位公路用地面积形成的路网通行量=当年公路网行驶量÷当年公路累计用地面积。该指标可于表征公路用地产出集约化程度。

- 指标 22:公路路面材料循环利用率

指标解释:公路路面材料循环利用率=循环利用(含回收后再利用和就地利用)的路面旧料量÷产生的路面旧料量。公路路面旧料具体指沥青路面和水泥路面,该指标反映交通运输循环利用程度。

- 指标 23:港口污水循环利用率

指标解释:港口生产性码头在生产运营期循环利用的污水占产生污水总量的比例。该指标用于评价港口水资源的循环利用效率。

- 指标 24:高速公路服务区污水循环利用率

指标解释:高速公路服务区生活污水经物理、化学、生物等工艺方法转变为净化水用水标准占污水总量的比例。该指标用于评价高速公路服务区污水处理和利用的水平。

⑤污染防治系统

- 指标 25:单位机动车主要污染物排放水平

指标解释:单位机动车主要污染物排放水平=机动车主要污染物排放总量÷机动车数量,单位是吨/辆。该指标反映机动车污染物排放水平。

- 指标 26:单位船舶硫氧化物、氮氧化物、颗粒物排放水平

指标解释:单位船舶硫氧化物、氮氧化物、颗粒物排放水平=船舶硫氧化物、氮氧化物、颗粒物排放总量÷船舶总数,单位是吨/艘。该指标反映船舶污染物排放水平。

- 指标 27:交通运输行业化学需氧量

指标解释:交通运输行业化学需氧量具体包括公路、水路、铁路各行业的化学需氧量总和,是反映交通运输行业污染物排放总量、衡量交通运输行业生态保护与节能减排等方面的重要指标。

- 指标 28:港口单位吞吐量废水排放量

指标解释:指港口产业废气排放总量与货物吞吐量之比,其中港口产业废气排放总量包括港区废气排放量、到港船舶废气排放量、集卡车废气排放量和临港工业废气排放量。

- 指标 29:沿海距岸 50 海里水域一次溢油综合清除控制能力

指标解释:通过配备溢油应急、围控、回收、储运、船舶堵漏、人员防护、吸附物资等配套设施,控制清除溢油量,单位是吨。该指标是衡量污染治理水平的指标。重点水域具体指:风景名胜区、自然保护区内的水域;城市规划区内维护生态功能的主要水域;饮用水水源保护区的水域;蓄滞洪区内的水域;省级河道;行洪排涝骨干河道; 10 万立方米以上的水库;50 万平方米以上的湖泊;法律、法规规定的其他重要水域。

- 指标 30:拥有污染处理装备数量

指标解释:污染处理装备数量是有效评估交通运输行业污染处理能力的重要指标。污染处理装备具体包括污水处理设施、大气污染处理设施(锅炉除尘设备、脱硫设备、作业粉尘处理设备)和固体废物接受处理设施。

⑥生态保护系统

- 指标 31:公路绿化率

指标解释:公路绿化率是指现有公路已达到绿化标准的程度。其计算

公式为：绿化里程（公里）/［公路总里程（公里）－不宜绿化路段里程（公里）］×100%。

其中，绿化里程是指在公路可绿化里程路段上的公路用地范围内，按标准栽植了乔木、灌木、花、草，成活率和保存率达到标准要求（成活率：平原90%、山区85%、寒冷草原及沙碱干旱区75%；保存率：85%），生长正常，即为公路绿化里程。公路沿线路基边坡有自然生长的乔、灌木及花、草，覆盖度在60%以上，均匀分布在路基边坡或公路用地，连续里程1km以上，并通过适当整理与修饰，基本能保护路基边坡的，也可列为绿化里程。

不宜绿化里程路段是指在公路用地范围内，不能栽植或不能自然生长木本、草本绿色植物的路段，包括公路隧道、桥涵及其两端各5m地段，石质路基及石方护坡路段，沼泽重盐碱路段（含量在千分之三以上），戈壁及沙漠路段，山区石砾子路段，兼作堤坝路段，特别干旱地区的路段等。

- 指标32：交通规划占用生态敏感点的面积占比

指标解释：生态敏感点的面积是指对人类生产、生活活动具有特殊敏感性或具有潜在自然灾害影响，极易受到人为的不当开发活动影响而产生生态负面效应的地区。生态敏感点包括生物、生境、水资源、大气、土壤、地质、地貌以及环境污染等属于生态范畴的所有内容。此指标是指交通规划中占用的生态敏感点面积的比例，用于评价交通规划对自然生态系统的保护程度。

- 指标33：临时占地复耕率

指标解释：临时占地复耕率为复耕面积与可复耕面积的比值。土地复耕是指建设过程中，对因挖损、塌陷、压占等造成破坏的土地，采取整治措施，使其恢复到可供耕种的状态的活动。该指标用于评价公路建设过程中对土地资源的保护程度。

⑦绿色科技创新系统

- 指标34：物流公共信息平台覆盖率

指标解释：物流公共信息平台是为物流企业提供物流信息服务、应急调度等的信息化智能管理平台。这个指标是反映"互联网+"技术在交通运输货运行业节能降碳领域应用水平的重要指标。

物流公共信息平台覆盖率＝具有物流公共信息平台的大中型物流企业数量÷大中型物流企业总数×100%。

• 指标 35:公众出行服务系统覆盖率

指标解释:公众出行服务系统集交通信息采集、数据交换、数据库管理、信息发布、远程维护和更新等一整套业务操作流程于一体,面向社会公众,为政府相关部门、企事业单位、普通社会公众提供综合性动态交通信息服务。这个指标是反映"互联网+"技术在交通运输客运行业节能降碳领域应用水平的重要指标。

公众出行服务系统覆盖率=具有公众出行服务系统的城市数量÷城市总数×100%。

• 指标 36:行业科技进步贡献率

指标解释:行业科技进步贡献率是指科技进步对交通运输行业发展的贡献份额。它是衡量科技竞争实力和科技转化为现实生产力的综合性指标,是衡量交通运输行业技术进步的重要指标。

• 指标 37:节能低碳技术(产品)的应用率

指标解释:节能低碳技术(产品)的应用率=采用节能低碳技术(产品)的工程÷新建、改建基建工程×100%。其中,交通运输低碳技术清单来自《国家重点节能低碳技术推广目录》《营运车辆节能产品技术目录》《船舶行业节能减排先进适用技术目录》或经专家认定的节能低碳技术(产品)。该指标是反映交通技术应用水平的显著指标。

⑧绿色交通治理体系和治理能力建设

• 指标 38:交通运输重点监测对象覆盖率

指标解释:《全国公路水路交通运输环境监测网总体规划》中指出,到 2030 年,重点监测对象共计 2537 处,包括 272 处国家级和省级自然保护区、92 处国家级风景名胜区、27 处世界自然与文化遗产地、29 处重要湿地、485 处重要水库、180 处国家级水产种质资源保护区的路段和航道,308 处长大隧道,531 个高速公路服务区,494 个高速公路收费站,49 个国家公路运输枢纽,41 个沿海港口,29 个内河港口。

交通运输重点监测对象覆盖率=已实现监测的对象个数÷规划中监测对象总数×100%。

• 指标 39:交通节能环保监测统计平台建成率

指标解释:交通节能环保监测统计平台,是实现对地区重点交通耗能主体的能源消耗、污染物排放情况实时跟踪和监控，全面掌握地区交通行业、重点用能企业乃至运营车辆的能耗及污染物排放情况的平台，可全面提升地区交通节能环保统计监测和管理水平。

交通节能环保监测统计平台建成率=具有交通节能环保监测统计平台的城市数量÷城市总数×100%。

- 指标40：交通运输行业节能环保投资占交通固定资产投资比重

指标解释：交通运输行业节能环保投资包括公路、沿海港口、内河港口等与节能环保相关的财政投入。交通运输行业节能环保投资占交通固定资产投资比重=交通运输行业节能环保投资÷交通固定资产投资。

绿色交通发展评价指标体系及指标说明见表4-12。

绿色交通发展评价指标体系及指标说明　　表4-12

指标类别	指 标 名 称	指 标 说 明
优化结构	清洁及新能源营运车辆占营运车辆总数的比例	①资料来源：统计部门与交通运输主管部门发行的公开出版物；统计部门出具的证明材料；交通运输主管部门印发的统计资料。 ②清洁及新能源营运车辆主要指以清洁及新能源燃料取代传统汽油燃料的营运车辆。主要包括天然气、氢能源动力、太阳能、混合动力等车辆。 ③清洁及新能源营运车辆占营运车辆总数的比例=清洁及新能源营运车辆总数÷所有营运车辆总数×100%。该指标反映交通行业绿色运输装备结构优化水平
	清洁及新能源营运船舶占营运船舶总数的比例	①资料来源：统计部门与交通运输主管部门发行的公开出版物；统计部门出具的证明材料；交通运输主管部门印发的统计资料。 ②清洁及新能源营运船舶主要指以清洁及新能源燃料取代传统汽油燃料的营运船舶。主要包括天然气、氢能源动力、太阳能、混合动力等船舶。 ③清洁及新能源营运船舶占营运船舶总数的比例=清洁及新能源营运船舶总数÷所有营运船舶总数×100%。该指标反映交通行业绿色运输装备结构优化水平

续上表

指标类别	指 标 名 称	指 标 说 明
优化结构	清洁及新能源公交车占公交车总数的比例	①资料来源:统计部门与交通运输主管部门发行的公开出版物;统计部门出具的证明材料;交通运输主管部门印发的统计资料。 ②清洁及新能源公交车主要指以清洁及新能源燃料取代传统汽油燃料的公交车。主要包括天然气、氢能源动力、太阳能、混合动力、电能等公交车。 ③清洁及新能源公交车占总数的比例=清洁及新能源公交车总数÷所有公交车总数×100%。该指标反映交通行业绿色运输装备结构优化水平
	清洁及新能源出租车占出租车总数的比例	①资料来源:统计部门与交通运输主管部门发行的公开出版物;统计部门出具的证明材料;交通运输主管部门印发的统计资料。 ②清洁及新能源出租车主要指以清洁及新能源燃料取代传统汽油燃料的出租车。主要包括天然气、氢能源动力、太阳能、混合动力、电能等出租车。 ③清洁及新能源出租车占总数的比例=清洁及新能源出租车总数÷所有出租车总数×100%。该指标反映交通行业绿色运输装备结构优化水平
	水路、铁路货运周转量占比	①资料来源:统计部门与交通运输主管部门发行的公开出版物;统计部门出具的证明材料;交通运输主管部门印发的统计资料。 ②水路、铁路货运周转量占比=水路货物运输量和铁路货物运输周转量总和÷社会总货运周转量×100%
	绿色出行比例	①资料来源:交通运输主管部门出具的统计资料。 ②绿色出行比例指城市居民出行选择绿色出行方式(包括公共交通、自行车、慢行交通)出行量占总出行量的比率。 ③绿色出行比例=选择绿色出行方式总人次÷出行总人次×100%
	清洁能源和可再生能源占交通运输行业用能比重	①资料来源:交通运输主管部门出具的统计资料。 ②清洁能源和可再生能源占交通运输行业用能比重=清洁能源和可再生能源消费量÷交通运输行业能源消费总量×100%

续上表

指标类别	指 标 名 称	指 标 说 明
提质增效	营运货车里程利用率	①资料来源:统计部门与交通运输主管部门发行的公开出版物;统计部门出具的证明材料;交通运输主管部门印发的统计资料。 ②营运货车里程利用率=(总里程-空驶里程)÷总里程×100%。该指标用于评价营运货车运输组织效率
	客运枢纽换乘便利性程度	①资料来源:交通运输主管部门出具的统计资料。 ②客运枢纽换乘便利性程度以枢纽内部换乘距离作为测度指标。该指标用于评价运输服务质量和效率
节能降碳	营运客车单位运输周转量能耗水平	①资料来源:统计部门与交通运输主管部门发行的公开出版物;统计部门出具的证明材料;交通运输主管部门印发的统计资料。 ②营运客车单位运输周转量能耗水平指平均每完成千人公里周转量产生的能源消耗量,单位是千克标准煤/千人公里。该指标反映单位周转量的节能水平
	营运货车单位运输周转量能耗水平	①资料来源:统计部门与交通运输主管部门发行的公开出版物;统计部门出具的证明材料;交通运输主管部门印发的统计资料。 ②营运货车单位运输周转量能耗水平指平均每完成百吨公里周转量产生的能源消耗量,单位是千克标准煤/百吨公里。该指标反映单位周转量的节能水平
	营运船舶单位运输周转量能耗水平	①资料来源:统计部门与交通运输主管部门发行的公开出版物;统计部门出具的证明材料;交通运输主管部门印发的统计资料。 ②营运船舶单位运输周转量能耗指平均每完成千吨公里周转量产生的能源消耗量,单位是千克标准煤/千吨公里。该指标反映单位周转量的节能水平
	城市客运单位客运量能耗水平	①资料来源:统计部门与交通运输主管部门发行的公开出版物;统计部门出具的证明材料;交通运输主管部门印发的统计资料。 ②城市客运包括城市公交、出租汽车和轨道交通,城市客运单位客运量能耗指平均每完成万人次客运量产生的能源消耗量,单位是吨标准煤/万人次。该指标反映单位客运量的节能水平

续上表

指标类别	指 标 名 称	指 标 说 明
节能降碳	港口生产单位吞吐量综合能耗水平	①资料来源:统计部门与交通运输主管部门发行的公开出版物;统计部门出具的证明材料;交通运输主管部门印发的统计资料。 ②港口生产单位吞吐量综合能耗指平均每完成万吨吞吐量产生的能源消耗量,单位是吨标准煤/万吨。该指标反映单位吞吐量的节能水平
	营运客车单位运输周转量 CO_2 排放水平	①资料来源:统计部门与交通运输主管部门发行的公开出版物;统计部门出具的证明材料;交通运输主管部门印发的统计资料。 ②营运客车单位运输周转量 CO_2 排放水平指平均每完成千人公里周转量产生的 CO_2 排放量。单位是千克 CO_2/千人公里。该指标反映单位周转量的排放水平
	营运货车单位运输周转量 CO_2 排放水平	①资料来源:统计部门与交通运输主管部门发行的公开出版物;统计部门出具的证明材料;交通运输主管部门印发的统计资料。 ②营运货车单位运输周转量 CO_2 排放水平指平均每完成百吨公里周转量产生的 CO_2 排放量,单位是千克 CO_2/百吨公里。该指标反映单位周转量的排放水平
	营运船舶单位运输周转量 CO_2 排放水平	①资料来源:统计部门与交通运输主管部门发行的公开出版物;统计部门出具的证明材料;交通运输主管部门印发的统计资料。 ②营运船舶单位运输周转量 CO_2 排放水平指平均每完成千吨公里周转量产生的 CO_2 排放量,单位是千克 CO_2/千吨公里。该指标反映单位周转量的排放水平
	城市客运单位客运量 CO_2 排放水平	①资料来源:统计部门与交通运输主管部门发行的公开出版物;统计部门出具的证明材料;交通运输主管部门印发的统计资料。 ②城市客运包括城市公交、出租汽车和轨道交通,城市客运单位客运量 CO_2 排放水平指平均每完成万人次产生的 CO_2 排放量,单位是吨 CO_2/万人次。该指标反映单位客运量的排放水平

续上表

指标类别	指标名称	指标说明
节能降碳	港口生产单位吞吐量CO_2排放水平	①资料来源:统计部门与交通运输主管部门发行的公开出版物;统计部门出具的证明材料;交通运输主管部门印发的统计资料。 ②港口生产单位吞吐量 CO_2 排放水平指平均每完成万吨吞吐量产生的排放水平,单位是吨 CO_2/万吨。该指标反映单位吞吐量的排放水平
资源集约循环利用	港口单位长度码头岸线通过能力	①资料来源:交通运输主管部门出具的关于港口货物吞吐量及码头泊位总长度等相关数据。 ②港口单位长度生产用码头泊位完成的货物吞吐量=港口货物吞吐量÷港口生产用码头泊位总长度。该指标用于评价港口岸线(生产用码头泊位)的开发利用效率
	单位公路用地面积形成的路网通行量	①资料来源:交通运输主管部门出具的关于公路网行驶量及公路网相关数据。 ②单位公路用地面积形成的路网通行量=当年公路网行驶量÷当年公路累计用地面积。该指标可于表征公路用地产出集约化程度
	公路路面材料循环利用率	①资料来源:交通运输主管部门出具的证明材料。 ②公路路面材料循环利用率=循环利用(含回收后再利用和就地利用)的路面旧料量÷产生的路面旧料量。公路路面旧料具体指沥青路面和水泥路面。该指标反映交通运输循环利用程度
	港口污水循环利用率	①资料来源:交通运输主管部门出具证明材料。 ②港口生产性码头在生产运营期循环利用的污水占产生污水总量的比例
	高速公路服务区污水循环利用率	①资料来源:交通运输主管部门出具证明材料。 ②高速公路服务区生活污水经物理、化学、生物等工艺方法转变为净化水用水标准占污水总量的比例。该指标用于评价高速公路服务区污水处理和利用的水平

续上表

指标类别	指标名称	指标说明
污染防治	单位机动车主要污染物排放水平	①资料来源:统计部门与交通运输主管部门发行的公开出版物;统计部门出具的证明材料;交通运输主管部门印发的统计资料。 ②单位机动车主要污染物排放水平=机动车主要污染物排放总量÷机动车数量,单位是吨/辆。该指标反映机动车污染物排放水平
	单位船舶硫氧化物、氮氧化物、颗粒物排放水平	①资料来源:统计部门与交通运输主管部门发行的公开出版物;统计部门出具的证明材料;交通运输主管部门印发的统计资料。 ②单位船舶硫氧化物、氮氧化物、颗粒物排放水平=船舶硫氧化物、氮氧化物、颗粒物排放总量÷船舶总数,单位是吨/艘。该指标反映船舶污染物排放水平
	交通运输行业化学需氧量	①资料来源:统计部门与交通运输主管部门发行的公开出版物;统计部门出具的证明材料;交通运输主管部门印发的统计资料。 ②交通运输行业化学需氧量具体包括公路、水路、铁路各行业的化学需氧量总和,是反映交通运输行业污染物排放总量、衡量交通运输行业生态保护与节能减排等方面的重要指标
	港口单位吞吐量废水排放量	①资料来源:交通运输主管部门出具的证明材料。 ②港口单位吞吐量废水排放量指港口产业废气排放总量与货物吞吐量之比,其中港口产业废气排放总量包括港区废气排放量、到港船舶废气排放量、集卡车废气排放量和临港工业废气排放量
	沿海距岸50海里水域一次溢油综合清除控制能力	①资料来源:交通运输主管部门出具的证明材料。 ②通过配备溢油应急、围控、回收、储运、船舶堵漏、人员防护、吸附物资等配套设施,控制清除溢油的量,单位是吨。该指标是衡量污染治理水平的指标。重点水域具体指:风景名胜区、自然保护区内的水域;城市规划区内维护生态功能的主要水域;饮用水水源保护区的水域;蓄滞洪区内的水域;省级河道;行洪排涝骨干河道;10万立方米以上的水库;50万平方米以上的湖泊;法律、法规规定的其他重要水域

续上表

指标类别	指 标 名 称	指 标 说 明
污染防治	拥有污染处理装备数量	①资料来源:交通运输主管部门出具的证明材料。 ②污染处理设备是有效评估交通运输行业污染处理能力的重要指标。污染处理设备具体包括污水处理设施、大气污染处理设施(锅炉除尘设备、脱硫设备、作业粉尘处理设备)和固体废物接受处理设施
生态保护	公路绿化率	①资料来源:交通运输主管部门出具的证明材料。 ②公路绿化率是指现有公路已达到绿化标准的程度。公路绿化率=绿化里程(公里)÷[公路总里程(公里)-不宜绿化路段里程(公里)]×100%
	交通规划占用生态敏感点的面积占比	①资料来源:交通运输主管部门出具的证明材料。 ②交通规划占用生态敏感点的面积占比是评价交通规划对自然生态系统的保护程度的指标,指交通规划中占用的生态敏感点面积的比例。生态敏感点包括生物、生境、水资源、大气、土壤、地质、地貌以及环境污染等属于生态范畴的所有内容
	临时占地复耕率	①资料来源:交通运输主管部门出具的证明材料。 ②临时占地复耕率为复耕面积与可复耕面积的比值。土地复耕是指建设过程中,对因挖损、塌陷、压占等造成破坏的土地,采取整治措施,使其恢复到可供耕种的状态的活动。该指标用于评价公路建设过程中对土地资源的保护程度
绿色科技创新	物流公共信息平台覆盖率	①资料来源:交通运输主管部门提供的物流公共信息平台相关材料,出具的拥有物流公共信息平台的物流企业列表。 ②物流公共信息平台是为物流企业提供物流信息服务、应急调度等服务的信息化智能管理平台。 ③物流公共信息平台覆盖率=具有物流公共信息平台的大中型物流企业数量÷大中型物流企业总数×100%
	公众出行服务系统覆盖率	①资料来源:交通运输主管部门提供的公众出行服务系统相关材料,出具的拥有公众出行服务系统的城市列表。 ②公众出行服务系统集交通信息采集、数据交换、数据库管理、信息发布、远程维护和更新等一整套业务操作流程于一体,面向社会公众,为政府相关部门、企事业单位、普通社会公众提供综合性和动态交通信息服务。 ③公众出行服务系统覆盖率=具有公众出行服务系统的城市数量÷城市总数×100%

续上表

指标类别	指标名称	指标说明
绿色科技创新	行业科技进步贡献率	①资料来源:统计部门与交通运输主管部门发行的公开出版物;统计部门出具的证明材料;交通运输主管部门印发的统计资料。 ②行业科技进步贡献率是指科技进步对交通运输行业发展的贡献份额
	节能低碳技术(产品)的应用率	①资料来源:交通运输主管部门出具的新建、改建基建工程相关材料。 ②节能低碳技术(产品)的应用率=采用节能低碳技术(产品)的工程÷新建、改建基建工程×100%。 ③交通运输低碳技术清单来自《国家重点节能低碳技术推广目录》《营运车辆节能产品技术目录》《船舶行业节能减排先进适用技术目录》
绿色治理体系和治理能力	交通运输重点监测对象覆盖率	①资料来源:交通运输主管部门提供的已实现监测的对象列表。 ②《全国公路水路交通运输环境监测网总体规划》中指出,到2030年,重点监测对象共计2537处,包括272处国家级和省级自然保护区、92处国家级风景名胜区、27处世界自然与文化遗产地、29处重要湿地、485处重要水库、180处国家级水产种质资源保护区的路段和航道,308处长大隧道,531个高速公路服务区,494个高速公路收费站,49个国家公路运输枢纽,41个沿海港口,29个内河港口。 ③交通运输重点监测对象覆盖率=已实现监测的对象个数÷规划中监测对象总数×100%
	交通节能环保监测统计平台建成率	①资料来源:交通运输主管部门提供的拥有节能环保监测统计平台的城市列表。 ②交通运输节能环保监测统计平台对地区重点交通耗能主体的能源消耗、污染物排放情况进行实时跟踪和监控,全面掌握地区交通运输行业、重点用能企业乃至运营车辆的能耗及污染物排放情况的平台,可全面提升地区交通运输节能环保统计监测和管理水平。 ③交通运输节能环保监测统计平台建成率=具有交通运输节能环保监测统计平台的城市数量÷城市总数×100%

续上表

指标类别	指标名称	指标说明
绿色治理体系和治理能力	交通运输行业节能环保投资占交通固定资产投资比重	①资料来源:交通运输主管部门出具的证明材料。 ②交通运输行业节能环保投资包括公路、沿海港口、内河港口等与节能环保相关的财政投入,交通运输行业节能环保投资占交通固定资产投资比重=交通运输行业节能环保投资÷交通固定资产投资

(四)绿色交通发展核心评价指标

绿色交通发展评价指标体系具有全面性和系统性,涵盖绿色交通发展框架的各个方面,是对绿色交通发展全方位的评价,但评价过程也面临数据量大、评价周期长等客观问题。节能降碳、资源节约循环利用、污染防治、生态保护是绿色交通发展框架的主要领域,是绿色交通发展的目标,而优化交通运输结构、提高发展质量效率、强化绿色科技创新、提升绿色治理能力是实现绿色交通发展目标的途径和手段,主要领域的发展是更能表征绿色交通发展的核心和关键。因此,本部分重点关注节能降碳、资源节约循环利用、污染防治、生态保护系统,筛选出一套具有代表性、实用性更强的可综合反映绿色交通发展的核心评价指标。

1.绿色交通发展核心评价指标——综合交通运输视角

绿色交通发展核心评价指标主要着眼于"大交通",全面覆盖公路、水路、铁路、民航等运输方式,从构建的评价指标体系中精心筛选和构建出4个最具代表性的核心关键指标,用于评价绿色交通发展水平。评价指标见表4-13,具体筛选过程见表4-14,指标说明见表4-15。

2.绿色交通发展核心评价指标——公路水路交通视角

本部分绿色交通发展核心评价指标主要聚焦于公路水路交通运输的绿色发展,从构建的评价指标体系中精心筛选出5个核心关键指标,用于评价公路水路交通运输的绿色发展水平。绿色交通发展核心评价指标见表4-16,指标说明见表4-17。

绿色交通发展核心评价指标（适用于综合交通运输）

表 4-13

指标类别	指标名称	数据来源
节能降碳类	交通运输行业单位运输周转量能耗水平	《中国能源统计年鉴》《中国交通运输统计年鉴》
污染防治类	化学需氧量、总悬浮颗粒物等主要污染物排放总量	《全国环境统计公报》《交通运输行业公路水路环境保护评述》
资源集约类	单位交通运输用地面积的综合交通运输周转量	《中国国土资源统计年鉴》《中国交通运输统计年鉴》
生态保护	交通运输用地植被恢复率	

绿色交通发展核心评价指标筛选过程

表 4-14

系统层	状态层	指标名称	核心评价指标	说明
节能降碳	交通节能发展水平	营运客车单位运输周转量能耗水平	交通运输行业单位运输周转量能耗水平	①评价指标体系旨在对各行业的节能降碳水平进行评价，难以表征交通运输行业的整体节能减排水平。因此，将指标综合成“交通运输行业单位运输周转量能耗水平”，可从综合交通角度出发，审视交通运输行业的节能降碳水平。 ②欧阳斌等（2014）研究发现，交通运输行业单位运输周转量的碳排放量和能源消费量走势相当一致，相关系数高达 0.99。因此，交通运输行业单位运输周转量能耗水平也可表征交通低碳发展水平
		营运货车单位运输周转量能耗水平		
		营运船舶单位运输周转量能耗水平		
		城市客运单位客运量能耗水平		
		港口生产单位吞吐量综合能耗水平		
	交通低碳发展水平	营运客车单位运输周转量 CO_2 排放水平		
		营运货车单位运输周转量 CO_2 排放水平		
		营运船舶单位运输周转量 CO_2 排放水平		
		城市客运单位客运量 CO_2 排放水平		
		港口生产单位吞吐量 CO_2 排放水平		

续上表

系统层	状态层	指标名称	核心评价指标	说明
资源集约循环利用	资源集约利用水平	港口单位长度码头岸线通过能力	单位交通运输用地面积的综合交通运输周转量	评价指标体系中分别对公路、水路两个子行业的资源集约循环水平进行评估，难以表征交通运输行业的资源集约利用水平。因此，将指标综合成“单位交通运输用地面积的综合交通运输周转量”，可从综合交通角度出发，审视交通运输行业的资源集约利用水平
		单位公路用地面积形成的路网通行量		
	资源循环利用水平	公路路面材料循环利用率		
		港口污水循环利用率		
		高速公路服务区污水循环利用率		
污染防治	污染防治水平	单位机动车主要污染物排放水平	化学需氧量、总悬浮颗粒物等主要污染物排放总量	污染防治领域的核心是污染物的排放控制。因此，将污染物整合，采用“化学需氧量、总悬浮颗粒物等主要污染物排放总量”指标对交通运输行业的主要污染物进行整体评估
		单位船舶硫氧化物、氮氧化物、颗粒物排放水平		
		交通运输行业化学需氧量		
		港口单位吞吐量污水排放量		
		沿海距岸 50 海里水域一次溢油综合清除控制能力		
	污染治理指数	拥有污染处理装备数量		
生态保护	基础设施生态保护水平	公路绿化率	交通运输用地植被恢复率	植被恢复是生态保护领域最直接的体现，因此，选用“交通运输用地植被恢复率”指标作为生态保护领域的评价指标
		交通规划占用生态敏感点的面积占比		
	基础设施生态修护水平	临时占地复耕率		

表 4-15

绿色交通发展核心评价指标及指标说明(适用于综合交通运输)

指标类别	指标名称	指标说明
节能降碳类	交通运输行业单位运输周转量能耗水平	①资料来源:《中国能源统计年鉴》《中国交通运输统计年鉴》。 ②交通运输行业运输周转量能耗水平是从综合交通运输的视角构建的用于评价绿色交通发展的综合性指标,是对各种运输方式的统筹协调和综合引导。 ③交通运输行业运输周转量能耗水平=综合交通运输能源消费总量÷交通运输换算周转量
污染防治类	化学需氧量、总悬浮颗粒物等主要污染物排放总量	①资料来源:《全国环境统计公报》《交通运输行业公路水路环境保护评述》。 ②主要污染物包括:化学需氧量(COD)、总悬浮颗粒物、硫氧化物(SO_x)、氮氧化物(NO_x)等
资源集约类	单位交通运输用地面积的综合交通运输周转量	①资料来源:《中国国土资源统计年鉴》《中国交通运输统计年鉴》。 ②该指标从综合交通视角出发,用交通用地面积与运输周转量的关系来表征交通用地产出集约化程度。 ③单位交通用地面积完成的运输周转量=交通运输换算周转量÷交通用地面积
生态保护	交通运输用地植被恢复率	①资料来源:交通运输主管部门出具的证明材料。 ②该指标通过植被的恢复情况来表征交通领域的生态保护能力。 ③交通运输用地植被恢复率=交通运输用地植被恢复面积÷交通运输用地可恢复面积

绿色交通发展核心评价指标（适用公路水路交通）　　表 4-16

指标类别	指标名称	单位	指标说明	数据来源
节能降碳类	营运车辆、营运船舶单位运输周转量 CO_2 排放水平下降率	%	指营运车辆、营运船舶平均每完成百吨公里运输周转量产生 CO_2 排放量的下降幅度，指标反映单位运输周转量的排放水平的变化情况	《中国能源统计年鉴》 《中国交通运输统计年鉴》
污染防治类	营运车辆、营运船舶单位运输周转量氮氧化物排放水平下降率	%	指营运车辆、营运船舶平均每百吨公里周转量排放的氮氧化物量的下降幅度，指标反映单位运输周转量的污染物排放水平的变化情况	《全国环境统计公报》 《交通运输行业公路水路环境保护评述》
资源集约循环类	港口单位长度码头岸线通过能力	吨/米	港口长度单位生产用码头泊位完成的货物吞吐量=港口货物吞吐量÷港口生产用码头泊位总长度。该指标用于评价港口岸线（生产用码头泊位）的开发利用效率	《中国交通运输统计年鉴》 《全国交通运输统计资料汇编》
	单位公路用地面积形成的路网通行量	车公里/公顷	单位公路用地面积形成的路网行驶量=当年公路网行驶量÷当年公路累计用地面积。该指标可用于表征公路用地产出集约化程度	《中国国土资源统计年鉴》 《中国交通运输统计年鉴》
生态保护类	公路绿化率	%	公路绿化率=绿化里程（公里）÷[公路总里程（公里）-不宜绿化路段里程（公里）]×100%	《全国交通运输统计资料汇编》

注：计算依据为《中国统计年鉴》《中国能源统计年鉴》《中国交通统计年鉴》《全国环境统计公报》《交通运输行业公路水路环境保护评述》《交通运输行业发展统计公报》《全国交通统计资料汇编》等。

绿色交通发展核心评价指标及指标说明(适用公路水路交通)　表4-17

指标类别	指标名称	指标说明
节能降碳类	营运车辆、营运船舶单位运输周转量能耗水平	①资料来源:《中国能源统计年鉴》和《中国交通运输统计年鉴》统计部门与交通运输主管部门发行的公开出版物、统计部门出具的证明材料及交通运输主管部门印发的统计资料等。 ②指营运车辆、营运船舶平均每完成百吨公里运输周转量产生能源消耗,该指标反映单位运输周转量的能源消耗水平。 ③营运车辆、营运船舶单位运输周转量能耗水平=营运车辆和营运船舶能源消费总量÷运营车辆和营运船舶的运输周转总量
污染防治类	营运车辆、营运船舶单位运输周转量氮氧化物排放水平	①资料来源:《全国环境统计公报》《交通运输行业公路水路环境保护评述》。 ②指营运车辆、营运船舶平均每百吨公里周转量排放的氮氧化物量,该指标反映单位运输周转量的污染物排放水平。 ③营运车辆、营运船舶单位运输周转量氮氧化物排放水平=营运车辆和营运船舶氮氧化物排放总量÷运营车辆和营运船舶的运输周转总量
资源集约类	港口单位长度生产用码头泊位完成的货物吞吐量	①资料来源:《中国交通运输统计年鉴》《全国交通运输统计资料汇编》。 ②该指标用于评价港口岸线(生产用码头泊位)的开发利用效率。 ③港口单位长度生产用码头泊位完成的货物吞吐量=港口货物吞吐量÷港口生产用码头泊位总长度
	单位公路用地面积形成的路网通行量	①资料来源:交通运输主管部门出具的关于公路网行驶量及公路网相关数据、《全国交通运输统计资料汇编》等。 ②该指标可用于表征公路用地产出集约化程度。 ③单位公路用地面积形成的路网通行量=当年公路网行驶量÷当年公路累计用地面积
生态保护	公路绿化率	①资料来源:交通运输主管部门出具的证明材料、《全国交通运输统计资料汇编》等。 ②该指标表征公路领域的生态保护能力。 ③公路绿化率=绿化里程(公里)÷[公路总里程(公里)-不宜绿化路段里程(公里)]×100%

三、绿色交通发展指数

（一）中国绿色交通发展指数定义

绿色交通发展指数是由多个单项反映绿色交通发展的指标构成的综合指数，是对绿色交通发展程度的一种度量和监测，以直观的量化数据反映绿色交通发展水平。通过分解绿色交通发展指数，可以诊断出绿色交通发展中的薄弱环节，为全面构建绿色交通运输体系提供理论支持，同时提升公众对绿色交通发展的参与度和认知度。

（二）绿色交通发展指数指标

为了适应我国生态文明建设和绿色交通发展的新形势和新要求，充分体现构建中国交通运输绿色发展方式和生活方式，努力实现交通运输发展与自然生态和谐共存的发展目标，本部分围绕行业绿色发展、公众绿色出行、政府绿色治理，筛选了21个指标，覆盖节能降碳、生态保护、污染防治、资源循环利用、绿色治理能力等五大方面。具体指标见表4-18。

绿色交通发展指数指标体系　　表4-18

一级指标	二级指标	三级指标	类型
绿色发展	节能降碳指标	综合交通运输单位增加值能耗	逆向
		综合交通运输单位运输周转量能耗	逆向
		综合交通运输单位增加值二氧化碳	逆向
		综合交通运输单位运输周转量二氧化碳	逆向
		水路、铁路运输周转量占比	正向
		清洁能源占能源消费的比重	正向
	污染防治指标	城市人均公路交通氮氧化物排放量	逆向
		城市单位面积机动车氮氧化物排放量	逆向
		城市人均公路交通颗粒物排放量	逆向
		城市单位面积机动车颗粒物排放量	逆向
		机动车氮氧化物占地区占废气氮氧化物的比重(环境承载能力)	逆向
	生态保护指标	公路绿化里程	正向
	资源集约循环利用指标	单位用地面积形成的交通运输周转量	正向
		单位生产用码头泊位长度港口吞吐量	正向

续上表

一级指标	二级指标	三级指标	类型
绿色出行	公众绿色出行理念指标	每万人口公共交通客运量	正向
	绿色出行基础设施建设	每万人拥有的公交数量	正向
		人均公共汽电车运营线路总长度	正向
		公交专用道建成率	正向
绿色治理	绿色增长指标	人均交通运输、仓储及邮政业增加值	正向
		公路环境保护投入占固定资产投资比重	正向
	绿色投资指标	水路生态保护投入占固定资产投资比重	正向

注:正向指标代表指标值越大,绿色交通发展水平越高;逆向指标代表指标值越小,绿色交通发展水平越高。

为适应生态文明建设新形势和新要求,充分体现构建绿色交通发展方式和生活方式,努力实现交通运输与自然生态和谐共存的发展目标,从行业绿色发展、公众绿色出行、政府绿色治理等三个维度构建“3-8-21”三级指标体系(图 4-2)。

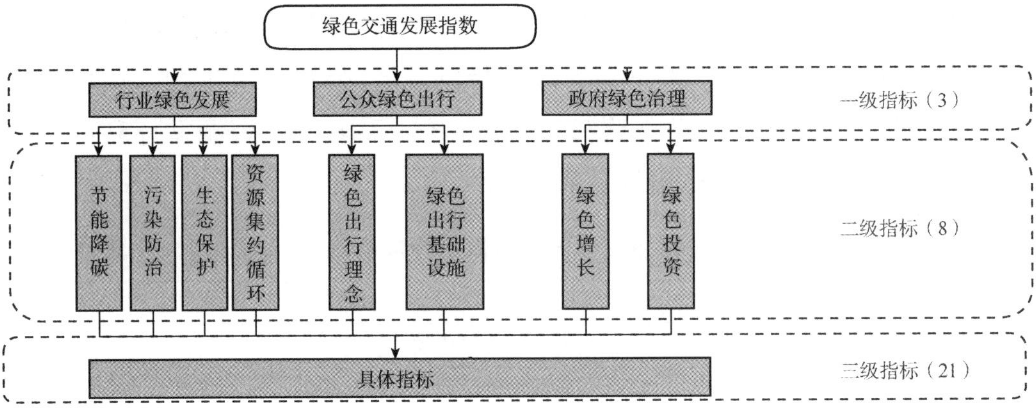

图 4-2 “3-8-21”三级指标构建体系

(三)中国绿色交通发展指数模型

绿色交通发展指数采用综合指数法进行测算。首先,从公开统计年鉴、出版物中收集相关数据;第二步,依据指标计算公式,计算绿色交通发展指标,同时对数据缺失的指标进行处理;第三步,对绿色交通发展指标进行标准化处理,计算个体指数;第四步,通过指数加权,计算绿色交通发展指数。中国绿色交通发展指数测算流程见图 4-3。

- 标准化处理

本报告为完成 2013 ~2015 年绿色交通发展指数纵向可比,从一致性和可比性原则出发,采用定基极差法进行数据的标准化处理。以 2013 年初始年份为基期,其余各年相应的数据比照基年做调整处理。在运用定基极差法时,三级指标处理后的数值可能会大于 1 或小于 0,如大于 1,即意味着该地区在该年比 2013 年该指标表现最好的地区还要好;如小于 0,即意味着比 2013 年该指标表现最差的地区还要差。为方便指标计算与结果统计,同时尽可能避免 0 值的出现,本报告将数据规范基本介于 10 ~100 之间。

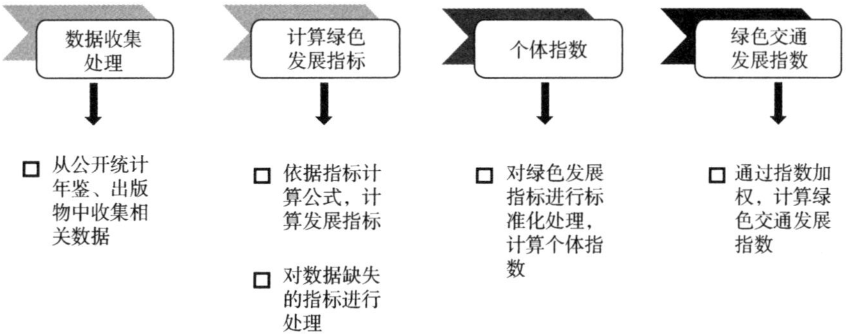

图 4-3 中国绿色交通发展指数测算流程

极差标准化处理公式见式(4-1)与式(4-2)。

正向型指标:

$$Y_i = \frac{X_f - X_{i,\min}}{X_{i,\max} - X_{i,\min}} \times 90 + 10 \tag{4-1}$$

逆向型指标:

$$Y_i = \frac{X_{i,\max} - X_f}{X_{i,\max} - X_{i,\min}} \times 90 + 10 \tag{4-2}$$

式中, Y_i 为第 i 个指标的标准化值; X_f 为该指标在某年的绿色交通发展指标值; $X_{i,\max}$ 为该指标在基年(2013 年)所有地区绿色交通发展指标值中的最大值; $X_{i,\min}$ 为该指标基年(2013 年)所有地区绿色交通发展指标值中的最小值。

通过这样的基准式规范化处理,使指标本身无论是横向还是纵向都具有可比性。该方法的优点在于:第一,数据做了无量纲处理,处理后的三级指标值在统一尺度上;第二,处理后的各指标在时间上和空间维度上均具有可比性;第三,指标计算方法具有连贯性和一致性,后期计算不影响或者颠覆历史值。

- 权重设置

经过征求政府管理人员和专家意见,针对各层级各领域现阶段的重要性和关注重点，合理设置权重，指标权重设置在3.3%~7%。

- 绿色交通发展指数测算

对各指数进行加权，得出绿色交通发展指数。计算公式为：

$$Z = \sum_{i=1}^{n} Y_i \times W_i \tag{4-3}$$

式中，Z 为绿色交通发展指数；Y_i 为第 i 个指标的标准值分类指数；W_i 为第 i 个指数对应的权重。

（四）中国绿色交通发展指数特点

对2013~2015年纵向可比的全国绿色交通发展指数进行了测算和比较，结果（图4-4）表明，自2013年以来，我国绿色交通发展水平呈现稳定的上涨态势，我国绿色交通建设成效显著，但从绿色交通发展指数来看，发展指数仍处于较低的水平，我国绿色交通发展任重道远。

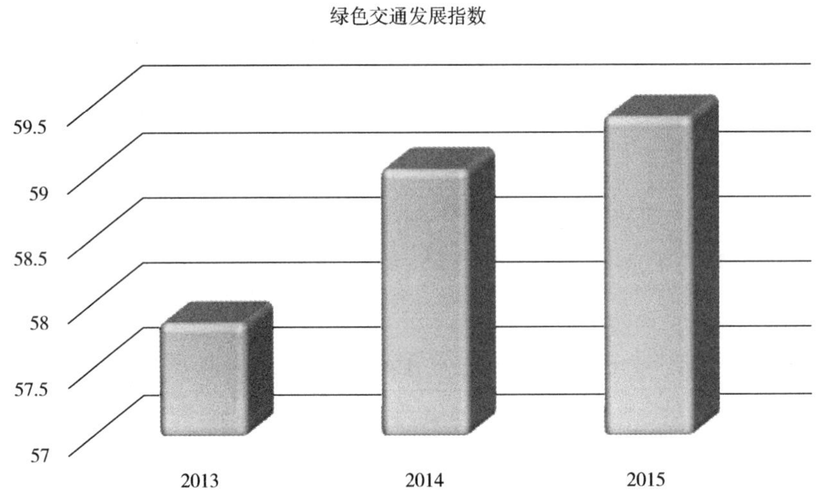

图4-4　2013~2015年绿色交通发展指数趋势变化图

另外，将绿色交通发展指数分解为绿色发展水平、绿色出行水平和绿色治理水平三个方面，并按照东部、中部、西部、东北四个区域进行对比分析，结果见图4-5、图4-6、图4-7。其中，东部地区包括北京、天津、河北、上海、江苏、浙江、福建、山东、广东和海南10省（自治区、直辖市）；中部地区包括山西、安徽、江西、河南、湖北和湖南6省；西部地区包括：内蒙古、广西、重庆、四川、贵州、云南、西藏、山西、甘肃、青海、宁夏和新疆12省（自治区、直辖市）；东北地区包括：辽宁、吉林、黑龙江3省。

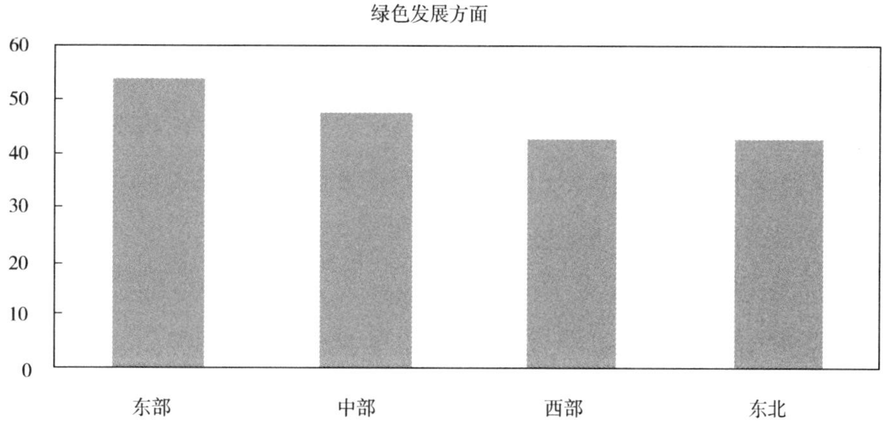

图 4-5 2015 区域绿色交通发展分解指数(绿色发展方面)

注:图中数据为各区域各省的算术平均值。

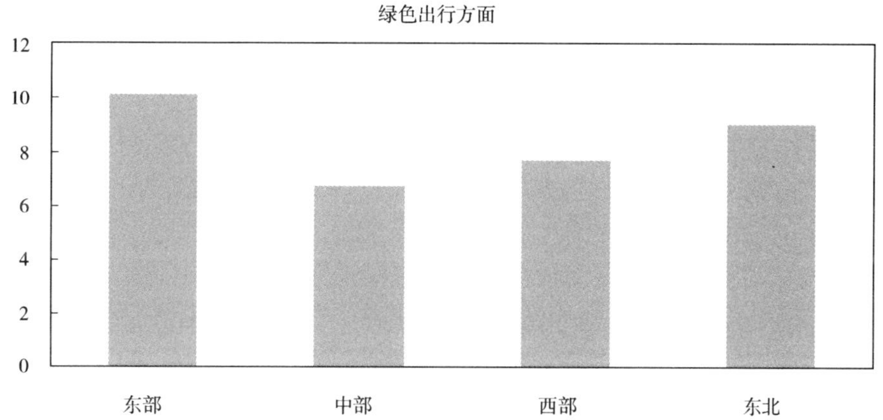

图 4-6 2015 区域绿色交通发展分解指数(绿色出行方面)

注:图中数据为各区域各省的算术平均值。

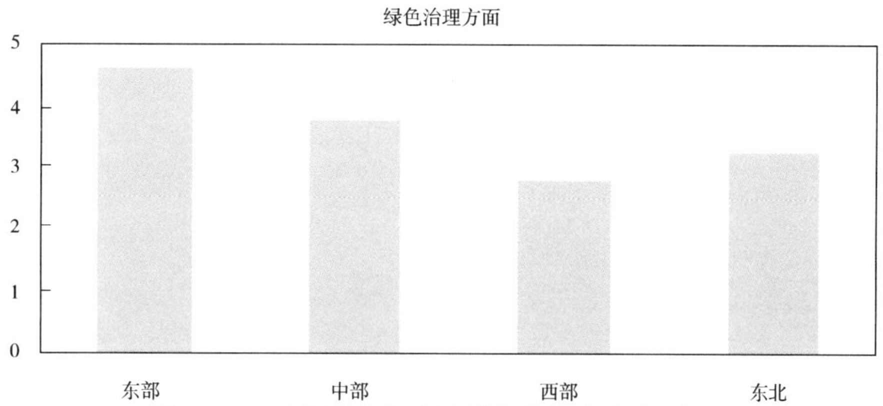

图 4-7 2015 区域绿色交通发展分解指数(绿色治理方面)

注:图中数据为各区域各省的算术平均值。

东部地区在绿色发展、绿色出行、绿色治理方面都具有明显的优势，因此，绿色交通发展指数排名靠前。在绿色发展方面，东部地区有 8 个省份位居全国前十位。在绿色出行方面，特别是北京、上海、广东等大城市，积极开展城市公交优先战略，在绿色出行方面更为突出。在绿色治理方面，东部省份更加注重绿色交通发展的治理能力建设，东部地区 10 省位居全国前十位。可见社会经济发展与交通运输绿色化程度存在极大关系，发达地区民众的交通运输需求已由基本出行需求向绿色环保、便捷舒适等更高要求交通运输方式转变。

中部地区和东北地区在绿色发展和绿色治理方面处于我国中游水平，东北地区整体缺乏优势，中部地区绿色出行方面相对较弱。

西部 6 省中，有 3 省位列全国后十位。西部地区在绿色发展、绿色出行、绿色治理方面都相比较薄弱，尤其是绿色治理方面，云南、贵州等多数西部省份的排名靠后。

第五章　绿色交通发展的政策建议

为实现制定的中国绿色交通发展目标，保障绿色交通发展框架内容的顺利实施，需注重创新管理体制机制，加强部门协调联动；完善财税价格政策，强化绿色激励约束；完善法规标准体系，提升绿色法治水平；积极利用市场机制，强化绿色试点示范；培育绿色交通文化，强化宣传交流合作。

（一）创新管理体制机制，加强部门协调联动

1.加强绿色交通组织领导

设立绿色交通组织机构，明确专门的机构、人员和经费，建立健全跨部门综合协调机制，加强协同合作，共同推进绿色交通体系实施。引导各省区、各城市和各领域成立由分管领导任组长的绿色交通发展领导小组，负责绿色交通运输体系建设的组织领导、统筹协调，成员要有交通运输、发展改革、财政、环保、科技、住建等相关部门，要明确各有关部门的责任，建立健全绿色交通发展目标责任制和问责制、绩效考核机制。

2.加强部际协商合作

绿色交通发展涉及的产业链条长、相关部门多，建议财政、发展改革、环保、工信、科技等各有关部门加强协商，创新机制，形成协同促进绿色交通发展的合力。

3.深化交通大部门制改革

建立健全综合交通运输发展协调机制，建立健全和落实交通运输部与部管

国家局之间的职责关系和工作运行机制，推动完善部管国家局与地方交通运输主管部门之间的工作协调机制，促进各种交通运输方式融合发展。

4.加快推进部省合作机制

开展部省共同推进绿色交通运输体系建设工作，以省人民政府为责任主体，构建以省交通运输主管部门、城市人民政府、交通运输企事业单位为实施主体，以绿色交通试点示范项目为推进手段的合作机制。确立评价考核体系，确立共建目标，落实共建责任，提升共建效应。

5.完善绿色交通监督考核机制

提高行业绿色交通管理的规范化与制度化水平。开展有关绿色交通的规划、行动、方案等执行情况检查与评估工作。建立绿色交通工作监督考核机制，探索将绿色发展绩效考核纳入部门年度工作考核体系。建立定期培训制度，提升绿色交通管理水平。

（二）完善财税价格政策，强化绿色激励约束

1.加大绿色交通财政投入

财政补贴政策是世界各国最为普遍的政策手段。因此，要进一步加大对绿色交通发展的财政支持力度，进一步强化对绿色交通发展的引导。继续在各级财政预算中安排资金，支持绿色交通试点示范、技术研发和推广应用、能力建设和宣传教育；加快绿色交通产品和设备的规模化推广使用，对购买使用绿色交通技术、产品的交通运输企业、个人提供补贴。积极创新财政资金管理模式和使用方式，提高资金使用效益。各级交通运输主管部门要会同财政部门，积极争取设立相应专项经费，加大财政支持力度并给予相关税收优惠政策，鼓励交通运输企业增加投入，逐步形成以国家和地方政府资金为引导、企业资金为主体的良性投入机制。

2.完善绿色交通税费政策

综合运用免税、减税和税收抵扣等多种税收优惠政策，促进绿色交通技术研发应用。研究对绿色交通产品（交通运输企业）的增值税（所得税）优惠政策，企业购进或者自制低碳设备发生的进项税额，符合相关规定的，允许从销项税额中抵扣。实行鼓励先进节能低碳技术设备进口的税收优惠政策，落实促进新能源

和可再生能源发展的税收优惠政策。在资源税、环境税、消费税、进出口税等税制改革中，积极考虑低碳交通运输发展需要，推动交通能源消费及碳排放相关税收政策调整。鉴于我国当前的税制重前期购置、轻后期使用的现状，建议积极推动交通工具有关能源消费及碳排放的相关税收政策调整。建议根据汽车碳排放量实行累进的车辆购置税，按照“高耗高排高税、低耗低排低税”原则，制定购置和使用环节的税收减免、贷款优惠政策。对低碳燃料采取差别税率，积极促进碳税、环境税等绿色税制改革。

3.完善相关价格政策

加快推进能源资源价格改革，建立和完善反映资源稀缺程度、市场供求关系和环境成本的价格形成机制。逐步理顺天然气与可替代能源比价关系。出台阶梯价格等鼓励政策来加快推进港口岸电、天然气、混合动力、燃料电池、纯电动装备的使用推广。完善城市停车收费政策，建立分区域、分时段的差别收费政策。

（三）完善法规标准体系，提升绿色法治水平

1.制订规范性标准体系表

制定交通运输行业节能环保标准体系表，是行业节能环保各类标准的顶层设计，更是行业开展各项节能减排工作的技术基础。研究制定《交通运输节约能源条例》等法规，建立健全相关配套规章、标准和制度体系。重点加紧完善营运车船燃料消耗和碳排放的市场准入和退出、重点企业节能减排监管、交通固定资产投资节能评估和审查等制度；研究制定节能环保标准体系建设专项行动计划，抓紧制定港口装卸机械、交通施工机械等燃料消耗和碳排放限值标准，完善公路桥梁工程节能设计、绿色施工等技术规范，不断提高交通运输节能环保的法制化、规范化和标准化水平。

2.鼓励企业制修订标准

发挥企业在交通运输行业标准体系建设中的主体作用，鼓励企业制定和采用先进标准，鼓励企业参与或承担国家和行业节能环保标准制修订工作，促进企业通过提升标准化工作水平来提高综合竞争力。

（四）积极利用市场机制，强化绿色试点示范

1.推广应用合同能源管理

培育绿色交通服务机构，积极引导企业与专业节能环保服务公司加强合作，为企业实施节能环保任务提供第三方诊断、设计、融资、改造、运行、管理、审计等服务。

2.加强碳交易试点的研究

密切跟踪全国碳排放交易市场建设总体方案的研究动态，紧紧围绕全国碳排放交易市场建设的战略目标、工作思路、实施步骤和配套措施，做好交通运输行业碳排放权分配、核算核证、监管体系等研究储备工作，积极推动交通运输领域率先开展碳交易试点示范。

3.深化绿色交通试点示范

继续深入开展绿色交通省份、城市、公路、港口、航道等示范创建行动。继续开展低碳交通运输“车船路港”千家企业专项行动，力争打造不同类型的绿色示范企业。

（五）培育绿色交通文化，强化宣传交流合作

1.积极培育绿色交通文化

推动行业绿色发展与文化建设有机融合，大力推进绿色交通文化理论创新，丰富绿色交通文化内涵，强化公众参与，积极培育具有时代特征、行业特色的绿色交通文化，将其融入行业核心价值体系加以推广和弘扬。积极培育绿色交通文化新载体，结合绿色交通运输发展最新成果，探索建设一批交流推广科普展示平台，推动绿色交通文化传播。

2.强化绿色交通宣传教育

继续深入开展形式多样的节能环保宣传、培训、交流与实践活动，认真组织“节能宣传周”“全国低碳日”等活动，周期性开展绿色交通运输体系建设经验交流活动，利用行业报刊、网站等媒体宣传我国能源资源和生态环境形势、绿色交通的

重要意义，宣传国家和交通运输行业资源节约和环境保护的方针、政策、法律及法规，充分发挥舆论引导和监督作用。完善公众参与机制，倡导资源节约、环境友好、绿色低碳的交通消费方式。不断增强全行业和社会公众的节能环保意识，培育绿色交通文化。

3.深化绿色交通交流合作

积极参与应对气候变化国际谈判，维护国家整体利益和行业发展利益。结合国际谈判进展和欧盟等的相关政策，研究提出我国参与国际交通运输温室气体谈判和国际多边合作的对策建议。加强与国际组织、国外政府机构、企业、研究咨询机构等的交流合作，广泛利用国际资源，积极吸收借鉴国际先进经验。搭建行业绿色循环低碳发展交流平台，促进先进技术推广和经验交流。

参 考 文 献

[1] Deborah Gordon.推动交通运输可持续发展的财税政策国际经验总结[EB/OL].[2005-02-28]. http://www.efchina.org/documents/TPO-fiscalpolicy-paper-CN-pdf.

[2] Todd Litman.Sustainable Transportation and TDM [R].Victoria,British Columbia:Victoria Transport Policy Insititute,2009.

[3] The World Bank Development Research Group Environment and Energy Team.Why Have CO_2 Emissions Increased in the Transport Sector in Asia? —Underlying Factors and Policy Options[R].Washing,D.C.:The world Bank,2009.

[4] 顾尚华.创建绿色交通体系保护城市自然环境[J].城市研究,2000(3):11-12.

[5] 沈添财.可持续发展与绿色交通实施战略[EB/OL] . [2009-07-30].http://www.jtzx.net.cn/cgi-bin/zwolf1/show.cgi? class=2&id=123.

[6] 王智慧,蒋馥,蓝军.面向环境的城市交通规划方法理论[J].系统工程理论方法应用,2000,9(2):120-124.

[7] 王静霞.新世纪中国城市绿色交通发展战略[J].中国市长,2001(4):12-15.

[8] 杨晓光,李修刚,盛志前.绿色交通基本理论和目标[EB/ OL].[2005-10-13].http://www.chinautc.com/hot/green/014.asp.

[9] 赵小云.绿色交通与城市可持续发展[J].城乡建设,2002(9):13-14.

[10] 刘冬飞."绿色交通":一种可持续发展的交通理念[J].现代城市研究,2003(1):60-63.

[11] 杜庄,周茵.现代城市交通与环境互动关系的探讨[J].重庆建筑,2005(8):24-26.

[12] 陆蓉,李杰.实现"绿色交通"之交通功能目标的几点策略[J].武汉轻工大学学报,2006, 25(1):85-87.

[13] May A.D,蒋中铭.欧洲绿色交通发展经验[J].城市交通,2009(6):17-22.

[14] 刘振峰 . 绿色交通运输发展国际经验借鉴分析[J]. 交通运输部管理干部学院学报,2014(1):8-11.

[15] UK Government.Energy White Paper, Our Energy Future: Creating a Low Carbon Economy [R].Lonclon:UK Government,2003.

[16] UK Ministry for Transport. Low Carbon Transport Innovation Strategy [R]. London: UK Ministry for Transport,2007.

[17] 徐岩.美国:新能源成为经济复苏引擎——国外低碳经济政策与法规介绍(下) [J].中国石油和化工,2010(8):13-14.

[18] 李晔,张红军.美国交通发展政策评析与借鉴[J].国外城市规划,2005,20(3):46-49.

[19] 吴洪洋.美国交通运输战略与节能环保[J].世界环境,2008(5):58-60.

[20] 李欠标.美国运输战略规划的特点及启示[J].综合运输,2008(12):63-66.

[21] 赵刚.日本力推多项战略全力建设低碳社会[J].中国科技财富,2009(23):50-53.

[22] 孟晶.日本:政策引导抢占技术制高点——国外低碳经济政策与法规介绍(中)[J].中国石油和化工,2010(8):12-13.

[23] 卜景东,李权,白冰.绿色交通与可持续发展问题[J].辽宁交通科技,2005,29(3):17-19.

[24] 陆化普,张永波,赵文杰.绿色交通系统评价指标与规划设计要点研究[J].建设科技,2012(14):23-26.

[25] 宿凤鸣.低碳交通的概念和实现途径[J].综合运输,2010(5):13-17.

[26] 徐洪磊.绿色交通的理论框架与政策建议[J]. 交通运输部管理干部学院学报,2014(1):12-27.

[27] 陆化普,王建伟,张鹏.基于能源消耗的城市交通结构优化[J].清华大学学报,2004,44(3):383-386.

[28] 陆化普,毛其智,李政,等.城市可持续交通:问题、挑战和研究方向[J].城市发展研究,2006,13 (5):91-96.

[29] 王刚,沈建武.城市"绿色交通"规划[J].规划师,2004(7):63-65.

[30] 周民良,周群.绿色交通体系与生态城市建设:逻辑与思路[J].江海学刊.2010(2):95-96.

[31] 赵航,何世伟,宋瑞.城市公交服务网络能力计算研究[J].交通运输系统工程与信息,2009,9(1):80-86.

[32] 刘婷婷,宋海瑜.机动化时代我国城市公共交通的系统优化与制度保障[J].城市, 2009(1):65-68.

[33] 毛蒋兴,闫小培.基于城市土地利用模式与交通模式互动机制的大城市可持续交通模式选择——以广州为例[J].人文地理,2005(3): 107-111.

[34] 林卫.欧洲城市交通的经验与启示[J].城市规划, 2001(10): 56-60.

后　记

AFTERWORD

生态文明是国家“五位一体”总体布局的重要组成部分，对建设美丽中国、实现中华民族永续发展具有重要意义。中共中央、国务院印发了《关于加快推进生态文明建设的意见》和《生态文明体制改革总体方案》等系列文件，全面部署推进生态文明建设工作，党的十九大报告更是全面阐述了新时代生态文明建设方略。绿色交通是交通运输行业加强生态文明建设和实现绿色发展的战略举措，是落实全面建成小康社会要求的具体实践，是“四个交通”战略的重要组成部分，对于推进交通运输现代化具有引领作用。

制度建设是推进生态文明建设的重要保障。党的十八届三中、四中全会分别提出“建立系统完整的生态文明制度体系，用制度保护生态环境”和“用严格的法律制度保护生态环境”。绿色交通发展是一项复杂的系统工程，具有涵盖领域环节齐全、涉及资源环境要素丰富、利益相关主体多元、影响因素众多等特点，不仅要节约能源，还要实现土地、岸线、材料等资源的集约节约和循环利用，同时也要加强大气、水、土壤、声等自然生态环境的保护。然而，交通运输行业现有的绿色发展框架和评价指标体系尚不能完全适应绿色发展的新要求，必须通过改革创新予以深化提升，完善绿色交通制度体系。

本书旨在研究制定适应国家生态文明建设和绿色发展战略要求的绿色交通发展框架和评价指标体系，明确未来我国绿色交通发展的重点领域、发展路线图、发展成效评价，探索建立交通运输行业绿色发展的倒逼机制，促进各级交通运输主管部门和交通运输企业自觉推动行业转型升级和提质增效，提升交通运输现代化水平。

全书共分为五章。第一章概述了绿色交通发展背景、绿色交通发展存在的问题和构建绿色交通发展框架的趋势要求。第二章研究了绿色交通发展框架的理论基础,提出了绿色交通发展的概念、内涵与特征。第三章构建了绿色交通发展框架,包括优化交通运输结构、提高发展质量效率、大力推进节能降碳、资源节约循环利用、强化污染综合防治、加强生态环境保护、强化绿色科技创新、提升绿色治理能力八个方面。基于发展目标和发展框架提出了绿色交通发展路线图。第四章构建了绿色交通发展指标体系,并分别提出了公路水路交通运输视角和综合交通运输视角的绿色交通评价指标体系。第五章提出了促进绿色交通发展的政策建议。

本书由曹子龙、欧阳斌、张海颖总体负责设计、策划和组织,凤振华、郭杰、毕清华、王双、张毅、陈书雪等完成了本书相关章节的研究内容。本书是交通运输部科学研究院交通发展研究中心绿色交通研究室集体智慧的结晶。

本书是交通运输部节能减排能力建设项目的重要成果之一,课题研究得到了交通运输部综合规划司的大力支持。在此,向各位专家和领导表示衷心的感谢!

鉴于我们的能力和时间所限,书中难免存在不足或缺陷,恳请读者批评、指正!

作　者

二〇一七年十一月